Girl's Side Dictionary

女の子が読むラブテクニック

池田書店

▼▼▼ はじめに

この本は、セックスのことをまだよく知らなかったり、
経験はあるけれど、うまく楽しめていなかったり……。
そんな今よりもっとセックスを楽しみたいと思っている女の子のために、
さまざまな知識や性についての考え方をまとめた一冊です。

心が満たされるようなセックスをするためには、何から始めたらよいのでしょうか？

それは、イメージすることから始まるのかもしれません。
自分がどうしたら嬉しいか、パートナーにどう気持ちを伝えたら喜ぶか……、
まずは頭の中で考えてみてください。女の子は自分が思っている以上に想像力が豊かです。
だから、妄想だけでどこにでも行けたり、イメージした世界で楽しんだり、悲しんだりできるはず。

本書は、そんなあなたの想像力をめいっぱい生かせるように、
ほとんどの内容を文章のみで表現しています。
どう思い描くのかはあなた次第ということです。

紹介している526個のテクニックは、
日々の生活の中でできるような心や環境の準備から、基本的なセックスの知識や方法論、
そして、ちょっと上級者向けのテクニックまでさまざま。

セックスについて知りたいと思ったら、辞書で調べるように、
ページを開いてみてください。きっと、よいアイデアが見つかるはずです。

そして、この本を通じて、あなたとパートナーが
お互いの気持ちを考える時間を持つことができ、
二人の間のセックスがもっと幸せなものとなりますように。

Girl's Side Dictionary contents

Girl's Side
model_Rio
▶049, 177

chapter 8

セックスについて考えてみる

わたしたちは普段、友人や異性、またはパートナーと、美しい風景を見ればその美しさに共感したり、「きれいだね」「美しいね」と互いの感想や気持ちを言葉にして分かち合うことはしています。それなのに、それが二人のセクシャルな話題になると、たちまち口を固くつぐんでしまうひとが多いようです。愛し合っているカップルであっても、二人の間のセクシャルな部分の思いを、隠さずオープンに話し合うことはなかなか出来ないものです。本来なら、感じたこと、共有したことを話し合うことはごく自然のことなのですが……。

セクシャリティの問題はわたしたちの想像力やそれぞれの感覚をもって成り立ってい

る分、そのすべてを理解するのは困難といえるのかもしれません。それは、たとえ、仲むつまじい二人であっても、お互いがどう感じているか、相手が快楽を得ているのか否かを察するのが難しいことからも分かるでしょう。もしかすると、わたしたちはセックスを通してお互いを理解し、コミュニケーションを取ることにおいて、単純に自信というものがないのかもしれません。

そんな奥が深いセックスですが、セックスをすることで幸せを感じることもあれば、大好きな相手にも関わらず理由もない虚しさを感じること、また、予期・予想もしないことをセックスを通して感じたり、知ったりすることがあります。言葉やそのほかの表現と同じように、セックスにはコミュニケーションの手段としての強い力があるのです。

本書を手にとったあなたは、もしかすると今のセックスにマンネリ感を覚えているのかもしれません。または、未知なるセックスの扉を開いてみたい、とにかく知識を得たい……、と考えているかもしれません。どんな理由にしても、愛するパートナーを喜ばせたい、もっと彼・彼女のことを知りたいと思っているひとは多いはずです。

セックスのすべてを説明するのは難しく、正解というものはないのですが、本書で紹介する先生方のお話や数々の項目は、きっと、あなたがパートナーを知るためのアイデアになってくれるはずです。言葉を発するように、音楽を奏でるように、文字や絵で表現するように、あなたの気持ちをセックスを通してパートナーに伝えたり、相手の気持ちや考えの信号を受け取ってください。たとえ、それが曖昧で分かりづらく小さな変化や信号であっても、それは愛するひとからの素敵なギフトなのです。体を通して、しっかりとそのギフトを受け取ること、それこそがセックスを通じたコミュニケーションの始まりとなることでしょう。

Introduction

コミュニケーションとしてのセックス

INTERVIEW 1

重なり合う二人

違うけど、それほど違わない男と女

セックスへの入り口は、コミュニケーション。見つめ合い言葉を交わし、心と体を寄せ合っていく。ただ、男と女は、体も脳も違うのです。生きてきた時間、求めるものも違います。違うところ、重なり合うところ、相手を知るところからすべては始まります。

動物生態学・動物行動学研究者
麻生一枝

あそうかずえ
成蹊大学理工学部講師。お茶の水女子大学理学部数学科卒業、オレゴン州立大学動物学科卒業。プエルトリコ大学海洋生物学修士、ハワイ大学動物学博士。基礎生物学、生態学、動物行動学、生物統計学、科学英語と幅広い分野をこなす研究者。著書に『科学でわかる男と女の心と脳』（ソフトバンククリエイティブ）がある。

男女の差は、平均的な傾向の差

惹かれ合って付き合い始めた男女なのに、ケンカになったり別れてしまったりする理由は、性格の不一致や価値観の違いだとか、どちらか一方が浮気したからだとか、いろいろあげられますよね。でも、つまるところ、その根っこに「どうして私のこと分かってくれないの」というような不満があることがけっこう多いのではないでしょうか。そんな不満が募って、ついつい「結局、男は女のことなんか分かろうと思っても分からないんだ」などと結論づけていないでしょうか。あるいは、「男も女も同じ人間なのに、分からないなんておかしい！」などと憤慨してはいないでしょうか。

男と女には生物学的に違いがあるので確執が生まれるのは当然のことなのですが、ここで伝えたいことはそういうことではありません。男と女は違うけど同じ人間同士なのだから一生懸命努力すれば必ず分かり合えるはず、というふうなこととも違います。

私が伝えたいのは、男女間の差よりも個人の差のほうがずっと大きいということ。それから、みなさんが考えている男女の差というのは、おそらく〝平均的な傾向の差〟であって、男女は重なり合う部分もたくさんあるのだということです。

たとえば、男は地図を読めるけど女は読めないとよくいわれるのは、地図を手に目的地に到達するまでの時間が男は女より〝平均的に〟短い、というだけのこと。女のなかには男より先に着く人もいるし、男のなかには女より後に着く人もいます。そう考えると、男女には重なる部分も少なからずあるということに納得がいくと思います。つまり、男だから絶対こうである、女だから絶対こうではない、というふうに、人間を二種類にくっきり分けて語ることはできないのです。ですから、「男だから女のことは分からない」というのも「同じ人間だから分かるはずだ」というのも、どちらも単純化し過ぎた論理だと私は思います。男女の違いを認め、そのうえで、男のバリエーション、女のバリエーションをそれぞれ考慮すれば、男と女の組み合わせのパターンはものすごくたくさんあることになりますから、それほど単純な話ではないことが分かるでしょう。

では、なぜ「男だから」「女だから」と分けて考えてしまうかというと、これには主に2つ理由があると考えられます。ひとつは、人間の脳が複雑なもののなかから単純なパターンをつかむようにできてしまっていること。もうひとつは、社会的な影響、とくに教育の影響が大きいのではないかということ。男はこうあるべき、女はこうあるべきと教えられて育つと、そう思い込んだままになってしまうことが少なくないようです。

身体の性と脳の性

「自然淘汰による進化」という考え方では、一匹一匹の動物が生きている究極の目的はオスもメスも同じで、できるだけ多くの子孫を残すことだと考えられています。そのためにオスとメスは、ときには役割分担し、ときには共同で、縄張りの防衛や子育てなどの生命活動をしています。役割分担が必要なとき、どのように分担するか。これに関係しているのがオスとメスの生物学的な違いです。私たちヒトの場合は生まれた後の教育などの社会的要因も大いに関係するのですが、ヒトも動物の一種ですから、男と女の違いを考えるには、まず生物学的な違いに着目し、そのうえで社会的影響を加味する必要があるでしょう。

オスとメスの根本的な違いは、作る配偶子の大きさと数が違うこと。動物のオスとメスの行動の違いは、この配偶子の違いでだいたい説明がつきます。たとえば、ヒトを含め多くの動物で、オスはメスよりも浮気が多い傾向にありますが、これは、メスの配偶子（卵子）は大きくて数が少なく、オスの配偶子（精子）は小さくて数が多いということに関係しています。ひとつの卵子を受精させるには、一匹のオスの精子で十分。ということは、オスの配偶子は、数が余ってしまうのです。認めたくないかもしれませんが、「自然淘汰による進化」という視点から見れば、オスができるだけたくさん子孫を残そうとして配偶子の有効利用をするのは当然といえば当然。しかし、それならメスもたくさん卵子を作れば浮気がなくなっていいじゃないかといわれると、それもまた難しいのです。まず、個体が取り入れられるエネルギー量には限りがあります。そしてそのエネルギーを、生命維持に、成長に、生殖にと配分して使う必要があります。つまり、卵子をつくるためのエネルギーにも限りがあるということです。大きなエネルギーたっぷりの卵子を作ろうとすると、当然、作れる数は少なくなります。メスは、大切な卵子をなるだけ優秀な精子で受精させたい。だから一生懸命オスを選ぶのです。

また、身体の性別と脳の性別では、身体の性別のほうが、発達上、先に決まります。胎児期に性分化を担う男性ホルモンの量が、そのタイムラグの間に増えたり減ったりすれば、男の脳にも女の脳にもさまざまなバリエーションができることになります。さらに、生まれた後、成長するにつれてさまざまな社会的な影響が加わることによって、そのバリエーションはもっと広がっていく可能性があります。人間をくっきり二つに区別することは難しく、男女の差は平均の差であって、男女差よりも個体差のほうが大きいということはこれで説明がつくのですが、やはり一般的にはあまりよく理解されていないようです。この個体差の広がりはとても複雑で多岐にわたるもので、脳や心のあり様の細かな差異でもあるので、配偶子の大きさや数の違いのように分かりやすいものではないからかもしれません。

AとBに違いがあるというと、AとBがまったく重なりのない別物だと思われがちですが、実際には重なりがあるのが普通であって、どういう違いがどの程度あるのかを見極めることが大切です。ところが、人間の脳はあまり細かい差異を認めずに、どうしても物事を単純に整理してしまい、社会もそれをよしとしてきてしまったようです。

男女平等思想のからくり

彼氏とケンカになっても、同じ人間なのだからきっと分かり合えるはずだという健気な思いには、個人としては私も賛同できるのです。男と女は生物学的に違うので、きちんと話をしなければ分かり合えない部分も多いと思いますが、そこはコミュニケーションのツールとして共通の言語を持つ人間同士、超えられない壁はないのではと思います。でも、「同じ人間なのに分からないのはおかしい」といわれると、少し意味合いが違って聞こえます。男も女も同じと考えるのは、男女は法の下に平等であるべきという今日の社会では当然のようですが、科学的にはそれを前提とするのは無理があります。私は、そもそも男と女が生物学的に違うことを前提に考えなければ、男女の関係も上手くいかないと思っています。相手も自分も、それぞれ個体差のあるなかのひとりの男であり、女であって、しかしお互いに重なり合う部分もあるという認識と、その重なり合った部分を大事にしていくようなコミュニケーションが必要なのではないでしょうか。

私は今、大学でヒューマン・バイオロジー（ヒトの生物学）を教えています。その前はアメリカで18年間、海洋生物を研究していました。日本へ戻ってきて、魚の研究からヒトの教育へ舵を切ったのは、生物学的性差をふまえて個人差を尊重するという考え方が、日本の社会では思った以上に定着していないことに気付いたからです。

生物学が発展する前、人々は男と女は生まれながらにして違うと自然に思っていました。ほうっておいても大多数の男の子は男の子として育ち、女の子は女の子として育つ。なかにはどちらにも入らない人もいたけれど、それでもけっこう普通に世の中は動いていました。ところが、科学が発達し、男女の違いが解明されてくると、それを男尊女卑思想に利用する人が出てきたのです。男のほうが女よりも脳が大きいから賢いなんてことをいう人までいたくらいで、やがてその反動が起こります。20世紀に入り、とくに

１９７０年代に女性解放運動が盛んになると、今度は男女は法の下に平等であるべきという社会の波に、生物学的な男女差の考え方が押し流されてしまったのです。この時代に迫害されたのが、性同一性障害といわれる人たちや同性愛の人たちです。

生物学的にいえば、性分化のタイミングのズレによって、身体の性と脳の性がぴったりとは重ならない人たちがいるのは当然のことなのですが、当時はそれを教育のせいだといって、身体に合わせて脳を変えるというやり方で治療しようとしていました。現在はその波が戻りつつあって、ニューハーフの人たちのように脳に身体を合わせるやり方に変わってきていますが、脳の性というのが胎児期にかなり決まってしまうので変えようがないものなのだということについては、日本ではまだあまりきちんと理解されていないと思います。科学者のなかにもいろいろなタイプがいて、細かい個体差のことになると目をつむってしまう人が少なくないですし、男女平等の思想も、結局は男と女の二元論で、男と女が重なり合っている部分にいる人たちは、いまだに非常に特殊な例だと考えられて、社会的にオープンな、認められた存在だとはいい難いところがあります。

男女差よりも個人差を大切に

でも実際は、身体は男でも女っぽい脳を持った男、身体は女でも男っぽい脳を持った女というのがかなり存在すると思われます。同じ女でも、いかにも女性的な女もいれば男性的な部分を持った女もいて、周囲の人たちの服装や言動や趣味趣向などを見れば、なんとなくいろいろバリエーションがあるのが分かると思います。一説には、男性はシステム化する能力、つまり論理的思考が得意で、女性は共感能力、つまり相手の立場に立って感じたり考えたりするのが得意だといわれますが、これも平均的な傾向の差に過ぎません。何事も筋が通っていないと納得できない女もいるし、基本的に筋を通したいのだけど相手の事情によっては感情を優先できるという女もいるのです。みんな同じように女の子として育てても、胎児期の男性ホルモン濃度の影響によってさまざまに位置づけられた脳の性は、基本的には変わりません。もちろん、歳を重ねるごとにいろいろな人と出会い、経験を積み、時代や社会の影響を受けて変化していく部分もありますが、脳の性は生涯にわたって物事のとらえ方や考え方に多大な影響をおよぼすのです。

私の授業では、出席表の裏にその日の授業の感想や意見を書いてもらうのですが、あるとき、「女装の趣味がある」と告白してくれた男子学生がいました。周囲にそういう人がいることは、それほどめずらしいことではないと思います。本当は、こういう学生が、もっと安心して自分を肯定できて、楽に生きられるような社会、周囲もそれを認められるような社会が望ましいと思います。もっとひとりひとりの違いを認められる社会に変えていくことができれば、隠されて闇に葬られがちな性犯罪や異性間のトラブルも、自然と軽減していくのではないでしょうか。

世界のあらゆる物事と同じように、人間の男女の脳や心も、スパッとはっきり分別できないことがたくさんあります。なんだかよく分からないところや、答えがひとつではない部分もたくさんあります。大好きで一緒にいたいと思う人がいるなら、ぜひ、もっとその人のことを知ろうとしてあげてください。自分が満足するためだけではなく、相手にとっての安心感や、喜びのために。それぞれ違う二人が、一緒に生きていくために。

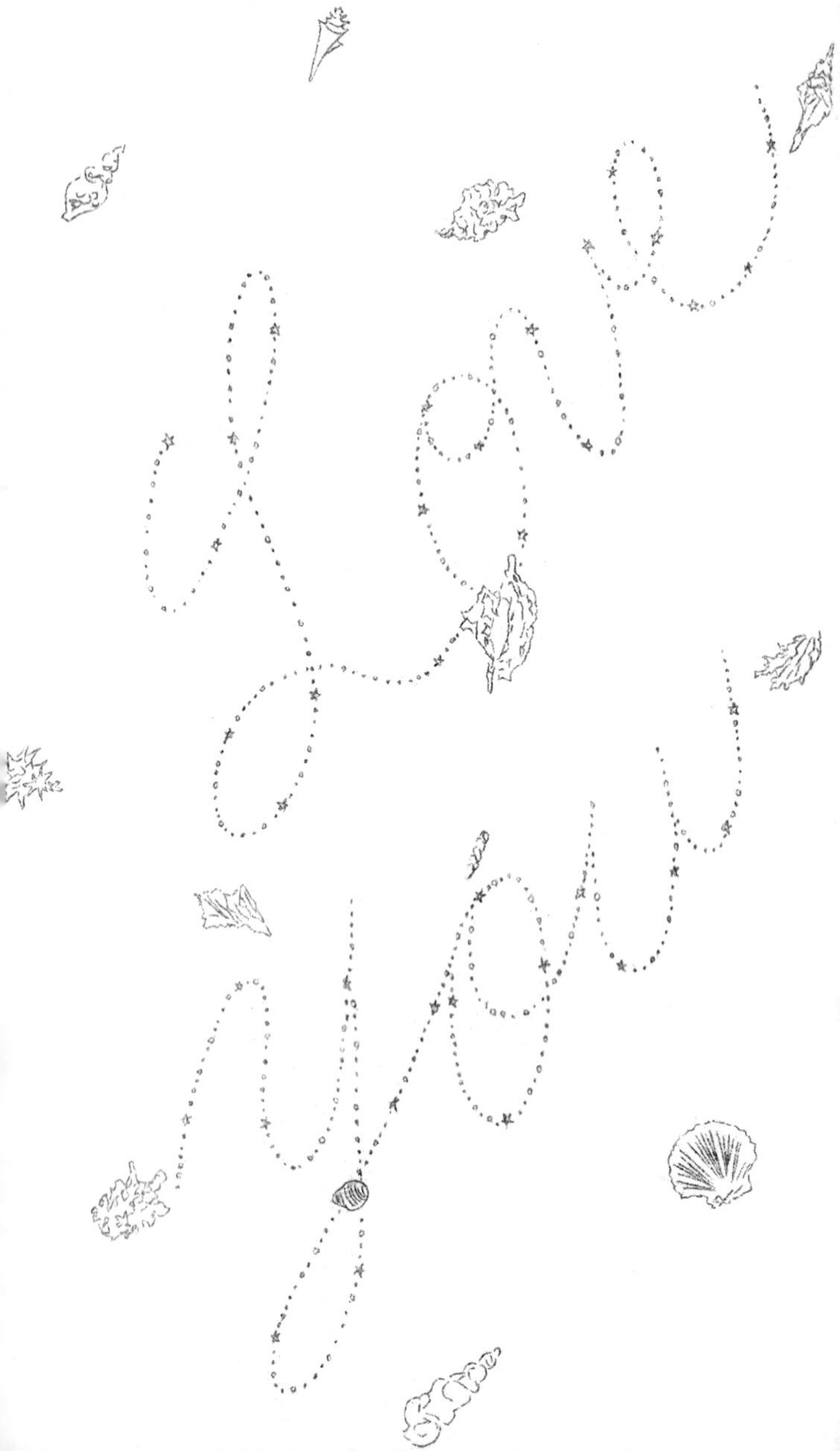

INTERVIEW
2

性愛のことば

古典エッセイスト

大塚ひかり

古代人が遺した「感じる」日本語

語る、聞く、書く。
言葉は、思う相手を知り、心をつかむために力を発揮します。
目には見えない愛そのものの姿を表現します。
この国で、はるか昔に書き遺された物語にも、
日本の歴史をかたちづくった愛と快楽の姿が刻まれ、
性愛を表す日本語の豊穣な世界が広がっていました。

おおつかひかり
1961年神奈川県生まれ。早稲田大学第一文学部日本史学専攻卒業。源氏物語など日本の古典を中心に手がけ、人気を博す古典エッセイスト。近著に『快楽でよみとく古典文学』（小学館）、個人全訳としての著書に『源氏物語　全6巻』（筑摩書房）。『愛とまぐはひの古事記』が2011年秋に文庫化予定（ちくま書房）。

セックスで生まれた国

日本では、まだ文字のない頃から、歌や語りによって建国神話が伝えられていました。西暦700年頃、奈良時代になってそれらを中国の漢字を使ってまとめたのが、日本最古の歴史書『古事記』です。ところが、その内容はといえば、二人の神がセックスをして国が産まれたとか、美女が大便中に犯されて産まれた娘が初代天皇の皇后になったとか、天皇の御子が蛇に童貞を奪われたとか、途方もない逸話のオンパレード。要するに、セックスや脱糞の快感が国を生み、天皇家の基礎を作ったという話なのです。どうしてこれが日本の歴史書なんだと思われるでしょうが、私は、当時は快楽というものの価値が今とだいぶ違っていて、快楽によって得られるよろこびこそ人間の基本だと理解されていたのではないかと思っています。セックスで子孫が増え、排便が五穀豊穣につながり、世界はそれで循環している。古代人は、そういう大事なことを体で分かっていたのではないかと思うのです。

もちろん、そんなことを考えるようになったのは最近のことで、小学生の頃、ほかの子どもが見向きもしない古典文学に私が夢中になったのは、単純に、神話世界の笑えるほどあからさまなセックスとスカトロ描写に度肝を抜かれ、体の根っこの部分をわしづかみにされてしまったからです。

でも、そんな物語が書物となって今日まで残されてきたことは、とても大きな意味があると思います。神話は、セックスや排泄行為をすごく大事なものとして仰々しく扱うことで、人間の生きる基本というものを肯定してくれている。たとえばなんとなく落ち込んで、「あーあ、人生って大変」なんて思ってしまうとき、性とか便とか基本的なところを肯定することが、生きることの肯定にもつながる気がします。だから私は、古典のなかでも『古事記』がとくに好きなのです。

『古事記』の頃のそういう感覚は、それから時代が下っていくにつれて大きく変わっていきます。およそ300年後に書かれた『源氏物語』の頃になると、神話の世界観はすっかり影を潜め、とくに性に関しては、現代人の感覚に近づいていくようです。

『源氏物語』はエロ本だ

実は30代後半の頃、心身ともにかなり参っていた時期があり、古典のエッセイストをやっている私としたことが、『古事記』は読めても、『源氏物語』は読めなくなってしまったことがありました。平安時代中期に紫式部が書いた『源氏物語』は、言わずと知れた古典の金字塔。後の文学に多大な影響を及ぼし、今では教科書にも必ず載っていて、なんだか高尚なもののように思われていますが、その実像は、はっきりいってエロ本だと私は思っています。全編性愛で埋め尽くされ、平たくいえば、光源氏という美しい貴公子がいろんな女君たちとやりまくる話。それでいて、かな文字が生まれ、言葉がたくさん発明され、表現もどんどん繊細になって、初めて日本独自の文学が花開いたその頃に、豊穣な言葉でリアルな人の人生が描かれている。すごくおもしろいのですが、心身ともに弱り切った当時の私には、重くて辛くてしかたがありませんでした。

何が重いかって、『源氏物語』には、性に対する嫌悪感やセックスに対する罪悪感がものすごく強く表れているのです。性愛に対して屈折しているというか、男嫌いというか、性愛表現が間接的でまどろっこしい。読んでいてしんどくなってくるのです。実は、平安文学でも初期のものと中期のものではだいぶ違いがあって、たとえば初期の小野小町などはあまり性に対する嫌悪感はないようですが、中期の和泉式部はけっこうヤリマンのくせに罪悪感みたいなものも抱いているのが分かる。だんだんと仏教思想が浸透し、性愛が「穢れ」という考え方と結びついていく頃でもあり、紫式部はとくにそういう時代の感覚に敏感な人だったのかもしれません。性に対してありのままで素直だった『古事記』の頃とくらべるとずいぶんな変わり様ですが、エロスの感覚、それをなんとなく恥ずかしいから隠したいというような感覚は、むしろ現代に近いように思います。

それに、『古事記』と違って「かな」という日本の文字を使って書かれた文学でもありますから、言葉ひとつひとつから多くのことを読みとれます。たとえば、性交そのものは記述せずに状況描写だけで分からせたり、自然現象に重ねて表現したり。ダイレクトでないからこそエロさが増し、表現者の美意識も感じられるのです。たとえば、光源氏が生涯最愛の妻となる紫の上と初めて結ばれたシーンはこんな一文で描かれます。

「男君はとく起きたまひて、女君はさらに起きたまはぬ朝《あした》あり」

（男君は早く起きられて、女君はいっこうにお起きにならぬ朝があった）

たった一行ですが、見事に二人の関係をいい表しています。紫の上は14歳で初体験。それも、10歳の頃から彼女が成長するのを待ちわびてこらえ切れなくなった光源氏が、半ば無理やり犯したのです。紫の上はすっかり機嫌を悪くして、恥ずかしいやら情けないやら恨めしいやらでなかなか床から出てこない、というわけです。

恋愛実用書にもなる『源氏物語』

平安時代の貴族の男は、興味のある女に、まずは歌を送って反応をみます。セックスした後も歌を詠みます。関係を続けたければ、歌を送り続けます。女のほうも、それに応えて歌を返したり、返さなかったり。だいたい別れたくなるとぱったりと歌を詠まなくなります。あるいは、相手をじらすために返事をしなかったりもします。男が逃げそうになると、すがる女は盛んに歌を送って必死にひきとめようとしたりします。

『源氏物語』には８００首くらいの歌が詠まれていて、それらの表現によって巧みに男女関係を浮かび上がらせています。歌の内容や言葉の使い方だけでなく、歌の有り無しとか、歌の多さとか少なさとか、やり取りのスピードなどから関係性が透けて見えるようになっているのです。たとえば、光源氏と最初の正妻、葵の上はずっと冷やかな関係で、最後の最後にやっと心が通じ合ったと思ったら葵の上が亡くなってしまうのですが、彼女は正妻だというのに歌を一首も詠んでいない。夫婦であるにもかかわらず性の香りがしない二人の関係は、だからといって軽く扱われているわけではないのですが、ただ歌がないということによってエロチックな関係ではないことが表現されているのです。

一方、六条御息所《ろくじょうのみやすどころ》などは源氏に強く執着し、生前は生霊、死後は死霊となって源氏の妻や恋人に憑き、源氏を苦しめるストーカー気質の女性なのですが、彼女は男から来る前に自分から歌を出してしまうし、歌をもらったら即レスしちゃうし、たくさん歌を送りまくる。痛い女だなあということが分かるわけです。

こういうところが紫式部のすごいところで、年表でも作って書いていたのではないかと思うほど、あらゆる登場人物の関係性をにおわす伏線を張りめぐらせ、人物のキャラクターも最初から最後までかっちり一貫しています。なるほど、こういうことをするからこの人は疎まれるのね、というふうに、いちいち納得できる裏付けがあるわけです。

そんなわけで、『源氏物語』は基本的にネガティブな部分が多いので、精神的に元気なときに読むことをおすすめしますが、読み込んでみると、「どうすれば男に利用されないか」という教訓になる内容もけっこう多いのです。きっと紫式部は、自分でも相当痛い目にあったことがあるか、あるいは痛い女たちを身近に見ていたのでしょう。そういう意味で、現代の男女関係にも役立てられる恋愛実用書といってもよいと思います。

和歌の世界はネット言語の世界

歌詠みから始まる平安貴族の恋愛は、頻繁にメールでやり取りをして気持ちを確かめ合う今の恋愛と似ているところがあります。私の知り合いにも、1年くらいネット恋愛を続けて、その後結婚まで至ったカップルがいますが、これは平安時代に起こっていたことそのまま。お互いにブログでコメントを書いていて、そのうち、じゃあ会いましょうということになり、実際に会ってみたら意気投合。まさしく言葉に惚れて、言葉の力で通じ合っちゃった。その逆もいっぱいあると思いますけれど、顔を見ていない段階で相手の真意を探るという意味でネットは便利ですよね。時間をかけて言葉をやり取りしていると、やはり人格とか、その人らしさが出てくるはずなので、ルックスに惑わされずに判断できることもあると思うし、メールのやり取りで「なんか違うな」と察知したら、そこで止めておけば、会ってから失望するよりもお互いにショックが少ない。人間って、千年経ってもコミュニケーションの基本はあまり変わらないのかもしれません。

ただ、歌のやり取りがいい感じでも、それがあまり深くなかったりすると、会ってみてがっくりということもあるわけで、そのあたりも昔と今であまり変わりはないと思います。「近おとり」と「近まさり」という言葉がよく使われるのですが、「近おとり」は初めて会ってみてやってみたらダメだったという意味、「近まさり」は会ってやってみたら想像以上によかったという意味。分かりやすい言葉で、今でも使えそうでしょう？気をつけなければいけないのは、見えない相手との言葉のやり取りでは簡単にウソがつけるし、思ってもいない言葉で飾り立てることも可能なところです。たとえば光源氏は、ルックスも美しいうえに筆マメで、綺麗にウソをつき、どんな年増の女にも器量の悪い女にもやさしい言葉をかけて心をつかんでしまう罪作りな人でした。

また、別人になりすまして歌を書く「代返」も騙しの常套手段。性別さえごまかせるのだから要注意です。『伊勢物語』には、在原業平がある少女のために代返する話が出てきます。男って、一度手に入った女にはすぐ飽きてしまう。「雨が降りそうだから今日は行けない」などといい出したので、これはいけないといって業平が少女の代わりに詠んだ歌が、「あなたに嫌われる身の程を思い知らされるような雨がますます降りまさる」というものでした。その歌の見事さに、出会った頃のときめきが蘇ったのでしょう。男は傘もささずにびしょ濡れになって飛んできたといいます。これは「代返」が上手くいった例ですが、言葉の力を示す平安時代の代表的なエピソードだと思います。

出会いのきっかけも歌、言い訳するのも歌、つなぎとめるのも歌。今、同じような手段として使えるのがメールであるわけで、今だって言葉の力は大きいのです。顔の見えないネットの世界はクローズドで不健全だという人もいますけれど、平安貴族だって実は限られた階級で、五位以上を貴族とすると、家族を含めても千人程度しかいなかったといわれています。その狭い世界の共通言語だった歌は、さしずめネット言語みたいなものなのです。そこにいる人たちだけが分かる言葉でやり取りしていただけ。古典文学はいうほど難解ではないし、それほど大層なものでもないのです。今だって、自分たちの世界で自分たちの言葉を使って出会いを見つければいいのだと私は思います。

ひとまとめに古代といわれますが、『古事記』と『源氏物語』には300年の隔たりがあります。その間に社会が変わり、文化が変わって、人の意識や感覚も当然大きく変わっていったわけですが、今の時代の感覚が『古事記』より『源氏物語』に近いとすれば、平安貴族の性愛事情は大いに参考になりそうです。ただし、精神的に参っているとき、癒しを求めたいときには、包み隠さず自然体な『古事記』をおすすめしますけれど。

INTERVIEW 3

体を感じること

社会学者

三橋修

消臭文化とセックスレスの未来

現代人は、身体の〝におい〟が大嫌い。
目にも見えず、触ることもできず、
人間にとってもっとも制御しにくい〝におい〟は、
一方で、男と女が命ある身体を感じ合い、
お互いの存在を認め合うとき、いつもそこにあり、
ありのままの相手を受け止めることの証しとなるのです。

みはしおさむ
1936年東京都生まれ。東京大学文学部社会学科卒業。社会学、社会史専攻。社会における「におい」のあり方から、人々の意識の変換を研究している。著書に『明治のセクシュアリティ―差別の心性史』(日本エディタースクール出版部)、『作家は何を嗅いできたか―におい、あるいは感性の歴史』(現代書館)などがある。

肉体のにおい

今は、デートするのでも同棲するのでも、「まったりする」というのが流行っているようですね。仲良く一緒にいるのにセックスはなし、兄妹の関係と似ているようで少し違っていて、気の合う女性がいつもふっと横にいてくれて、幸せに暮らしているという。私の世代からするとにわかには信じられないのですが、たしかにセックスってけっこう面倒なところもあるから、上手くいくならそれで問題ないよなあとも思います。

若い女性たちが「まったり」を好む理由としては、ひとつには、妊娠や出産の身体的負担がなくなってほしいという願望もあるだろうと想像します。それはしかたないとして、今の「まったり文化」がちょっと困った問題だと私が思うのは、男も女も、自分や相手の「肉体」というものに対して以前より興味が薄れているような気がするからです。

肉体を肉体として感じるとき、いつも必ずそこにあるはずのもの。それが「におい」です。人間の身体だけでなく、命ある生きものの身体には必ず「におい」があります。

草木も花も、昆虫も動物も、すべて独特のにおいを持っています。そして人間の生活は、本来こうした生きもののにおいがたくさん感じられるものなのです。木の家のにおい、食べもののにおい、庭の土や草花のにおい、生ゴミのにおい、トイレのアンモニア臭というように。人はそれらのにおいを嗅いで、「いいにおいだ」、「イヤなにおいだ」と感じ、イヤなにおいがするものは「臭い＝汚いもの」として排除しようとします。ところが、においの感じ方は人それぞれで、しかも、時代とともに変わっていく社会常識や社会習慣といったものに大きく影響されます。また、人間の脳はにおいを記憶と結びつけて認識するそうですが、におい自体がとてもあいまいなものなので、その感じ方についての科学的な研究はあまり進んでいません。そういうわけで、いいにおいかそうでないかの判断は、基本的にはそのときそれを感じる人の好き嫌いに委ねられているのです。

でも、肉体にはにおいがあり、肉体は私たち人間そのものです。お互いの肉体のにおいを受け入れるから関係は親しくなる、密になる可能性がある、互いに許し合うこともできるのだと私は思うのです。昔にくらべて肉体に対する興味が薄れてしまったのは、においの感じ方が変わったからに違いない。だから私は「におい」に注目するのです。

消臭時代のセックスレス

今はありとあらゆる種類の消臭グッズや芳香グッズがありますね。トイレに始まってリビングも寝室も台所も、家のなかには消臭剤や芳香剤がいくつも置かれているし、口臭や腋臭、汗のにおい対策グッズも豊富です。その昔、香水などというものは貴族など富裕層だけが楽しむ贅沢でしたし、毎日お風呂に入る習慣がなかったこともあって、汗とか体臭とか糞便のにおいなんかはどこにでも普通にあるものでした。それが、今は誰でも気軽に消臭グッズや芳香グッズを手に入れられるようになって、誰もが平等ににおいを制御する力を得たのです。それはそれですてきなことなのですが、みんながイヤなにおいだと思っているにおいは完膚なきまでに排除され、生活のなかからどんどんにおいがなくなっていきました。一方で、本来におうはずのにおいを、みんながいいにおいだと思っているにおいでカバーアップするという、においを隠す文化も定着していきました。こうして、においを恐れ、においでにおいをやっつけようという応酬のうちに、人はどんどんにおいに敏感になっていったのです。社会が変われば、においの感じ方も変わる。でも、だからといってトイレでスミレのにおいがしたり、女性の脇の下からバラのにおいがしたりするのは、やはりかなり不思議なことだと私は思っています。

セックスをすると汗をかくものですが、その汗のにおいがイヤだと思うとセックスなんかしたくないと思うかもしれない。あるいは、二人でひとつの布団に入って身体を寄せ合っていると、ふわっと生温かい身体のにおいがこもるものですが、そのにおいがイヤだと思うと一緒に寝るのは止めておこうと思うかもしれない。さらにいえば、消臭文化がこれほど浸透してしまうと、無臭であることがノーマルだと思われているようでもあり、汗のにおいや体臭がイヤでセックスしないというより、そもそも身体ににおいがあること自体が忘れられてしまったのではないかと危惧します。私が若い頃は、満員電車で目の前の女性の髪や汗のにおいがすると、ムラムラしてしまって大変だったものですが……、今は女性も男性もとても身綺麗で、ほとんどにおいがしなくて、たしかにこういう環境に生まれ育つと、自分にもともと体臭があることに気づかずに済んでしまうのかもしれません。においの感じ方がこの数十年で劇的に変化したことで、肉体のとらえ方やセクシュアリティについてのイメージも大きく変わったのだろうと思います。

美意識はつくられるもの

それにしても、においの感じ方に対する社会的影響の大きさは甚大で、しかも、一度変わってしまったものを元に戻すのはなかなか難しい。それを痛感させられたのが、タバコのにおいの感じ方をめぐる変化です。また私の若い頃の話ですが、20〜30年前までは、タバコを吸う男はカッコいいというイメージがあって、男の服や身体に染みついたタバコのにおいはセクシュアルな大人の男のにおいだと思われていました。でも、このごろの女性にはタバコのにおいがするだけでイヤという人が多いですよね。それ以上に、タバコは体に悪いという認識と、においがイヤだという意識が結びついて、社会全体がタバコのにおいを拒否している。喫煙者のほうも、そういう社会のなかでイヤだイヤだと何度もいわれるうちに感覚が変わってきます。タバコのにおいが好きで吸っているはずなのに、一方ですごく敏感になって、イヤだと思う人にとってはすごく気になるだろうと理解できるようになり、なんとなく自粛したほうがいいかなという気持ちになってくるのです。

イヤなにおいだけではなく、いいにおいのほうも、これと似たようなことが起こっています。たとえばバラの花のにおいは、男にとってセクシュアルな美しい女性をイメージさせるといわれていて、だから女性たちは自分の汗のにおいを隠すのにバラの香水を使ったりもするわけです。しかし、これは19世紀のヨーロッパで貴族の女性たちが香水を使い始めた時代から、綿々と受け継がれるステレオタイプに過ぎません。だって、本物の女性はいくら美しくてもバラの花のようにいつもいいにおいがするわけではないし、むしろバラの棘のように厳しいときもありますよ。つまり、19世紀のヨーロッパ貴族が「セクシュアルで美しい女性」と「バラの花のいいにおい」を結びつけ、それが世界中に広まっていき、世の中の美意識がつくられたということなのです。

同衾《どうきん》とハグのススメ

つくられた社会常識や美意識によってにおいが分別され、イヤなにおいが徹底的に隠された世の中になると、人々は実際には感じていないにおいに対して恐怖を抱くようになります。そして、イヤなにおいのしそうなところを探し出してあらかじめ抹消しておこうとします。その矛先が自分の身体に向かってしまうと、自分自身を否定することにもつながり、人間関係においてとても深刻な問題を引き起こします。たとえば自己臭恐怖症といって、自分の身体からイヤなにおいが出ているのではないかと思いこむ病がありますが、これは対人恐怖症やうつ病とも深い関係があるといわれています。

私は、消臭文化が必ずしも悪いとは思いません。イヤなにおいがしなくて清潔なほうが気持ちよく過ごせるし、自分でにおいをコントロールできるのだから。でも、彼氏が嫌がるから汗をかかないようにするとか、においが気になるからセックスしないとか、セックスするなら体じゅうきれいにしてからでないとダメとか、そういうことをつねに気に病まなければいけないのは大変不幸なことです。きっと疲れてしまうでしょう。

もうひとつだけ昔の話をすると、私が子どもの頃は兄弟姉妹でも友人同士でも、「同衾」といって同じ布団に二人で寝るのが日常的なことでした。でも、早くから自分の部屋を与えられる今の若い世代には、この同衾をあまり経験していない人が多いのではないかと思います。幼い頃に同衾経験があれば、そもそも同じ布団に二人で入ることに抵抗はないでしょうし、それぞれ身体のにおいがあることに違和感もないでしょう。これは現代のセックスレス傾向にも関係がありそうです。大人の男女の同衾には大きな意味があって、静かに枕を並べていると、自分の鼓動が聞こえ、相手の息づかいを感じ、やがてお互いの体温が溶け合うような心地になります。セックスするにしてもしないにしても、肉体と肉体で存在する二人が認め合い、愛し合うための大切な行為だと思います。

同衾に抵抗があるとか、そこまで関係が深まっていない場合は、ハグをするのもいいでしょう。ハグのいいところは、お互いの肉体のボリューム感をダイレクトに感じられるところ。どんな体型の人でもそれぞれのボリュームがあって、それをお互いがどんなふうに感じるのか、一瞬でいろいろなものが伝わるはずです。究極的には、相手を思い、心をこめて手を合わせるだけでも得られるものは大きいと思います。

それから、「自分のセンスでにおいを感じる」ということに、少しずつでも気を配ってみてほしいのです。みんなが自分の感覚よりも社会がつくったステレオタイプを優先し、それに翻弄され続けてしまったら、「生きているからにおいがするのだ」という、においの本質が忘れ去られてしまわないかと心配です。自分のセンスでにおいを感じるということは、生身の肉体を持つ自分自身を認め、自信を持つことにつながりますし、愛する人のその人らしさを発見し、尊重するためにも、大きな力になると思います。日常生活で「生きているにおい」を感じる絶好の機会といえば、一日三度の食事でしょう。たとえば、元気に育った有機野菜のにおいは「生きているにおい」そのもの。ドレッシングやマヨネーズをかける前に、まずはそのまま食べてみてください。想像しにくいかもしれませんが、食べもの本来のにおいをていねいに味わってみるという行為は、セックスで相手の肉体をにおいも含めて感じるという行為にも通じるものだと思いますよ。

Girl's Side

model: Rio
photograph: Kozue Maeda
styling: Nozomi Yoshinaga
hair & make up: Keiko Suzuki

EVOLU
LIFE
Greek Style

EVOLUTION [IN ACTION]
LIFE
LANTING
AFRICAN ARK
地球巡礼

CHAPTER
1

セックスのスイッチ

Switch on sex

CHAPTER 1
セックスのスイッチ

日々の生活の中で意識を少し変えて セクシャルな時間への扉を開きやすくする

日常の中で、常にセックスについて考え、気分を高揚させている人はそう多くはいないのではないでしょうか。多くの人が、セクシャルな時間と、普段の生活とを、切り離して考えているでしょうし、それは間違ったことではありません。

でも、たとえば、仕事で忙しくしている期間が長く、会社と家との往復で異性のことを考える余裕がない、もしくは、恋人とセックスレスでマンネリな毎日に慣れてしまった、など、甘いセクシャルな時間から遠ざかっている人も多いのでは？　確かに、人間の三大欲求といわれている食欲・睡眠欲・性欲の中で、性欲に関わるセックスは、ほかの2つに比べ、必ずしも毎日行う必要がありません。だからこそ、日々の生活の中で、自分から意識しておかないと、ますます必要性を感じなくなってしまうかも……。

　必要性がないと感じるようになると、そこに関わること、たとえば、体をきれいに見せるなどのセックスアピールに力を注がなくなってしまいます。そうすると、女性としての魅力がなくなっていき、さらにセクシャルな時間から遠ざかり……と、悪循環に。そうなると、突然セクシャルな時間を持つ機会に恵まれても、セックスのスイッチを素早く切り替えることができなくなってしまいます。そうこうしているうちに極端な話、女性ホルモンのバランスが悪くなり、異性を惹きつける力が低下してしまうかもしれません。せっかく女性に生まれてきたのにもったいないですよね。

　では、そんな悪循環を打破するためには、どうしたらよいのでしょうか？　それは、普段からセックスやエロティックな意味だけでなく、さまざまな感度を上げておくことです。視覚・聴覚・味覚・嗅覚・触覚、この五感を鋭くしておくことが、いざというときにパッとセックスのスイッチを入れるために重要なカギとなるのです。それに少し慣れてくれれば、今度は能動的に日常の中にあるスイッチを探し出すことができるはず。

セックスのスイッチ

ここでは、先述した五感に関わることから、よりセクシャルなものまで、日常の中で実践することができる35個のテクニックを紹介しています。ひとつひとつ行っていくうちに、あなたの中にあるエロティックな部分の扉が開いていくのを感じるはず。しばらくセックスから遠ざかっていた人は、いきなり実践的なセックスのテクニックを行うよりも、まずはここから始めましょう。そうすることで、エロティックなテクニックもより素直に、楽しんで行うことができるはずです。今まで、セックスをそれなりに楽しんでいた人も、新しい自分に気付くことができるかも!?

001【裸足で歩く】

仕事や生活を頑張っていて常にONモードの人は、OFFの時間ともいえる、セクシャルな時間に、スイッチしづらい傾向にあります。たまには公園や海岸など、土や砂の上を裸足で歩いて、忘れかけていた本能を取り戻して。

002【目を閉じて音楽にハマる】

音楽を聴いていると、気分が高揚したり、涙を流したりすることがあります。ある意味、感度を上げためのレッスンといえるのではないでしょうか。目を閉じて、聴くことに集中すると、より感じる力が高まりやすくなります。

003【お花の香りを】

お花が香ることは、成熟した状態であることのアピール。ですから、その香りを嗅ぐとうっとりする人が多いのでしょう。エロスのスイッチが入らないときは、お花の香りや、フローラル系のアロマを楽しむ時間をつくって。

004【森林浴をする】

森や林の中を歩いたとき、ひんやりした空気の中で神経が研ぎ澄まされるような感覚を持った経験がある人は多いはず。自然は心と体を正常な状態に戻す力があると考えられるので、感覚が鈍ったらぜひ森林へ足を運んで。

005【温冷入浴をする】

温かい湯船と冷たい湯船（シャワーでもOK）に交互に入る温冷入浴で、体の緊張と弛緩を繰りかえすと、感覚神経が目覚めてきます。情熱が足りないなと感じたときは、温冷入浴でカツを。一気にやる気が復活するでしょう。

006【フェザータッチで全身を触る】

指先を使って、触れるか触れないかのタッチで全身をまさぐってみましょう。肌表面に走っている繊細な神経が刺激されて、ゾクゾクするような感覚が味わえます。まるで、すべての皮膚がクリトリスになったように……。

007【夜空を見上げる】

最近、星空を見上げていますか？　キラキラした星を見ると、ロマンティックな気分になれます。そんな潤った気持ちと、エロスとは相性ピッタリ。エロスのスイッチを入れたいなら、日常に存在するロマンスを見逃さないで。

008【あえて泣く】

感情を溜め込んでいると、心はバリアを張ったように、体は重たい鎧をつけたように、鈍感になっていきます。悲しい映画を見るのでもいいので、とにかく声を上げて泣きましょう。心がスッキリしたら体の鈍感さも消えていくはず。

009【恋愛小説を読む】

頭の片隅にエロスがなければ、生活にエロスを引き込むのも難しくなります。ですから、美しいセックスシーンやラブシーンが描かれた小説を読んで、空想の世界に浸る時間も必要。自然とそれを引っ張る力が目覚めますから。

010【体を温める】

体が冷えると、筋肉も神経も縮こまり、快感が伝達する力が弱まります。逆に体が温まっていると、血液やリンパの流れが良く、快感をスムーズに伝達することが可能。体は日常的に、冷やさないように努力して。

011【セクシャリティーを認識する】

自分のセクシャリティー、つまり自分がどんな相手と、どんなセックスをするのが好きなのかを考えたことはありますか？　それを認識しているのと、していないのとでは、性の喜びの感じ方は、天国と地獄ほど違うことも。

012【映画をたくさん見る】

仕事先と自宅の往復ばかりで、新しい情報や、広い視野を持つことを忘れていたら、ご注意を。インプットが少なければ、心もその量に合わせたキャパになってしまうので、映画を見て、知らない世界観を堪能しましょう。

013【とにかく歩くこと】

体を動かしていないと、肉体面だけじゃなく内面的にも悪影響を与えます。エロスが足りないことで悩んだら、とにかく歩くこと。しっかり大地を踏みしめて、新鮮な酸素をたっぷり吸うことで、心と体の巡りをよくしましょう。

014【定期的にデトックスをする】

食べ過ぎると消化にエネルギーを取られ、エロスにまでパワーが回らないことも。ときには1食抜く、断食施設に入るなどで、体をリセットしましょう。そこからまた、新しいエロスな感情が入ってくる空間ができるから。

015【タイトな服を着る】

ピッタリした洋服を着ると、自然と、背筋が伸びたり、胸を張ったりして体が緊張します。適度な緊張感は、女性を美しく保ち、男性の視線を引き付けるエッセンス。視線は極上の刺激なので、活用しない手はありません。

016【女性器を知る】

感じるためだけにあるといわれているクリトリス。ぷっくりした突起だけがクリトリスだと思いがちですが、実は大部分が体内にあり、長さは3〜5㎝にもなります。それを知っておくと、自分の快感感知器の性能が上がりそう。

017【リッチなボディクリームを購入】

お風呂上がりのボディに、お気に入りのクリームをトッピングする時間は、女性であることを楽しめる優雅な時間。どうせなら、ちょっと値段の張る贅沢なボディクリームを購入して、いい女気分を存分に堪能して。

018【ネイルサロンへ行く】

女性限定ではないのに、ほぼ100%女性しか集まらないお店。それがネイルサロン。そこに行くだけで、女としての価値が上がった気分に。そんな気持ちで艶のある指先を見れば、秒速でフェロモンがアップすることも。

019【ぶらさがり系のピアスを】

ゆらゆら揺れるものを見ると、つい追ってしまう猫ちゃんのように、男性の根っこにも狩猟本能が残っていて、揺れるロングピアスに目を奪われる男性は多いのだとか。ぜひ、狙われている感覚を味わってみて。

020【ピンヒール&クラッチバックで】

普段着のワンピースでも、ピンヒールとクラッチバックを合わせると、いつもより、レディライクな自分に気がつくはず。これらを装備してディナーやクラブに出かけたら、心と体に潤いをもたらせてくれることになるでしょう。

021【まつ毛に気合を入れる】

ボリューミーなまつ毛は、周囲にも、自分自身にもエレガンス感を撒き散らします。まつ毛エクステをつけたり、マスカラの重ねづけをしたりして、気合を入れて、あなたの周りの空気をエロティックに震わせましょう。

022【唇をもてあそぶ】

性器を想像させやすい唇は、エロスのスイッチを入れたいときには、見逃せないパーツ。自分の指で唇を触り、柔らかくてぷにぷにした触感を楽しんだり、舌で舐めてみるだけで、想像以上にエロティックな気分に。

023【ヨガで丹田《たんでん》を意識する】

丹田とは、おへその4〜5cm下にある、生命エネルギーの中心となる場所。丹田を意識するヨガの呼吸法を行うと、全身のエネルギー循環が良くなり、本来人間が持っている、性衝動に敏感に反応できるはず。

024【妄想スイッチは常にオン】

街を歩いているときも、電車の中でも、男性の存在を意識してみて。好みの男性がいたら「この人、どんなセックスをするんだろう？」と頭の中でイメージトレーニングを。セクシャルなイメージが潤いをもたらします。

025【指を観察する】

女性がもっとも男性の色気を感じやすいともいわれているパーツが「指」。意識して男性の指をじっくり見つめることで「どんなふうに触るのだろう？」と指づかいから触覚、セックスへと連想が広がっていきます。

026【指を舐めてみる】

自分の指を舐めてみましょう。あなたの口の中がどんなに温かく気持ちのいい場所なのか、舌や唇のどういった感触が心地よいのかを自分の指で味わっているうちに、エロティックな欲望が高まってくるはず。

027【好きな感触を楽しむ】

シルクサテンのスリップ、シルクジャージーのワンピース、コットンレースの下着、麻のピローケース……。肌は敏感に触覚の快感に反応するもの。ひとりで過ごす時間も好みの肌触りや感触にこだわって、触覚を敏感に。

028【タルカムパウダーは羽根で】

お風呂上がりにタルカムパウダー（ボディパウダー）を、パフや手ではなく、羽根でくすぐるようにつけてみましょう。羽根の新鮮な感覚で眠っていた場所が目覚めて、新たな“ホットスポット”を発見できるかも。

029【自分の柔らかい部分を愛でる】

指先から伝わる滑らかな感触を楽しむように、体の中の柔らかくて触り心地のいい部分を撫でてみて。自分の中に、触られて気持ちいい部分があることを知ることで、体を触られることにも自信が持てるようになります。

030【ノーブラで電車に乗ってみる】

乳首が透けて見えるような確実にノーブラだとわかる格好では危険ですが、一見そうとはわからない服装で電車に乗ってみて。誰かに気付かれるかも？と、スリルを楽しむのも未知の感覚を呼び覚ますエッセンスに。

031【ガーターベルトの効果】

部屋の中だけでもガーターベルトを着用。官能的に演出された自分の姿を見ることによって、エロティックな気分が盛り上がります。そのまま着用して出かければ、身のこなしが普段よりセクシーになるという効果も。

032【とびっきりセクシーな下着で】

アダルトな映画でしか見たことがないようなセクシーな下着をそろえてみて。身にまとったとき、自分がその登場人物になったような淫乱な気分が味わえ、脳がエロティックなモードにスイッチ・オンすることでしょう。

033【官能小説を読んでみる】

現実では考えられないようなシチュエーションや、描かれるめくるめく快感が呼び水となり、いつの間にか官能に脳と体が支配されていることに気付くでしょう。自分の趣向を知るために必要な教養でもあります。

034【男性のにおいをあえて嗅ぐ】

男性の分泌する汗にはフェロモンが含まれているといわれています。また、女性は男性のにおいで興奮するとも。男性をクンクン嗅ぐことによって、あなたの中のセクシャルな部分が目覚めてしまうかもしれません。

035【赤色のものを身につける】

赤色は、興奮したときに皮膚の薄い部分などが赤く充血することから、性的興奮を促す色ともいわれています。赤い服は派手すぎて……という人は、靴やネイルなど少ない面積で、目に入りやすいところからチャレンジしてみて。

column
1

目には見えない頭のなかと心の動き。男だから、女だから、と決めつけないで

動物行動学研究者の麻生一枝さんが野外研究のために南太平洋のモーレア島に滞在していたときのこと。研究仲間とお互いの労をねぎらおうと一流ホテルのレストランへ出かけると、従業員の多くが“オネエさまたち”だったそうです。南太平洋には昔から「男でも女でもない人たち」が“第三の性”として社会的に認められている国があります。そうした国では男女の社会的役割も重なるところが多かったり、女のほうが伝統的に大変尊敬されていたりします。男のなかの女性的な部分、女のなかの男性的な部分を堂々と認められる社会は、みんなが自分の心を素直に表現できる社会なのかもしれません。

女は地図を読めないとよくいわれるが、科学的には、男女差は平均の差でしかない。平均すると男のほうが女よりも速くゴールに到達するが、男女の所要時間には大きな重なりがある。人間の脳には男性的な部分と女性的な部分が同居している場合が少なくないからだ。

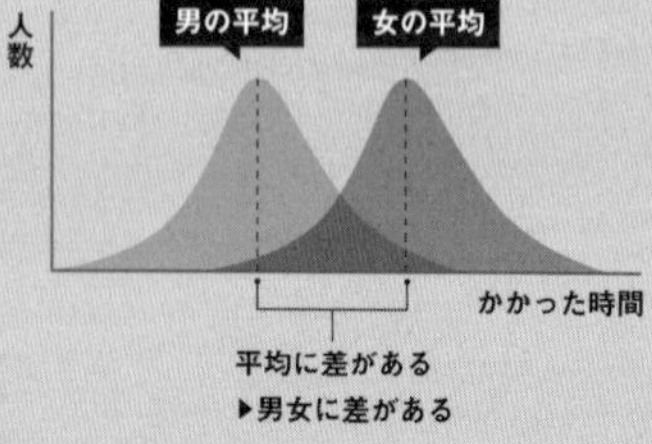

出典：『科学で分かる男と女の脳』
麻生一枝（ソフトバンク クリエイティブ）

CHAPTER
2

セックスの入り口

Entrance to sex

CHAPTER 2 セックスの入り口

素直な気持ちでセックスと向き合い、素敵なセックスを創りあげる

今の時代はモノや情報があふれていて、選択肢も豊富。おいしいお店を探して味覚の快楽を求める人や、ファッションが好きでおしゃれを楽しみ、着心地の触覚や視覚の喜びを楽しむ人、インテリアにこだわって自分だけの五感をリラックスさせられる空間をつくりあげる人……。誰もが自分の生活を工夫し、自分の心地よい状態にクリエイトしています。人は自分の人生に対しては、誰もがそれを創りあげるアーティストなのです。

セックスは「とても気持ちのいい、刺激的なこと」のようにメディアでは取り上げられていますが、「いつどこで誰としても気持ちがいい」なんていうことはありません。身体も心も満たされるような素晴らしいセックスを味わいたいと思ったら、そのために

はそれなりの準備が必要。セックスは、一人だけで創るものではありません。まずは、あなた自身がどのようなセックスが好きで、どういうことに快感を得るのか、そういうことを知らなければ相手にも伝えられないし、相手がどういう好みを持っているのか知らなければ、相手を喜ばせることもできません。テクニックより先に、パートナーとリラックスしてコミュニケーションがとれる環境が必要なのです。

セックスのことを考えるとドキドキして落ち着かない、テクニックや身体に自信がなくて楽しめない……。そんな悩みを持っている人でも、ボディケアや下着のおしゃれ、寝心地のよいベッドや香りのよいキャンドルを用意するだけで、知らぬ間に少しの自信と安心が生まれるはず。愛する人とセックスを楽しみたいという素直な気持ちを表現してみましょう。恥ずかしい？　恥じらいは男性を喜ばせる最高のスパイスです。はにかみながら欲望を表現するあなたに、彼が気持ちをかきたてられるのは間違いありません。素直な気持ちと、大人の女性ならではの自然な色香とエスプリで、あなたと彼だけの素敵なセックスを創りあげてみましょう。

ボディケア

あなたは彼にどこを舐められても大丈夫？　たとえ、そこまでの完璧さを求めないとしても、裸になって愛を深め合うのなら、清潔感のあるボディであることはとても大切。不潔な部分を引け目に感じてセックスに集中できない、なんてことがあってはせっかくのメイクラブも台無しです。また、スタイルを気にするよりも、触り心地のいいすべすべな肌、ほのかに香るあなたのにおいに重点をおいてはいかがでしょうか。それこそが相手を興奮させ、快感を導くツールになります。手入れの行き届いたボディで二人だけの快楽に溺れましょう。

036【アクセサリーをひとつ】

ネックレスやブレスレット、アンクレットなどのアクセサリーはボディラインを引き立て、繊細な輝きで素肌をよりきれいに見せてくれるアクセント。へそピアスなど少し大胆なアクセサリーにも、男性はドキッとするかも。

037【素肌に香りを】

香水やボディクリームを肌につけると、時間が経ってからでも興奮して体温が上がれば、まるでフェロモンのように香りが立ち上がってきます。発情していることを香りで伝えられて、二人のよいスパイスに。

038【ランジェリーは装飾品】

男性が好むのは過剰で派手なランジェリーよりも、清楚でほのかにセクシーなランジェリー。繊細なレースで肌が透けるものなど、上品だけどドキッとさせるようなものを選んで。厚手のパッドは興ざめです。

039【直線と曲線】

ガーターベルトのようなアイテムで身体に直線のラインを加えると、女性らしい曲線美がより際立って見えます。複雑でクラシックなガーターベルトは男性から見ると、ミステリアスな女性らしさの象徴。ぜひ味方につけて。

040【ボディにお化粧】

メイクテクに自信があるなら、乳首にチーク、胸の谷間にシャドウを入れるなどの“ボディメイク”テクニックにチャレンジしてみては？　50年代フランスの小説「O嬢の物語」にも出てくる、由緒正しいテクニックです。

041【締め付けないで】

窮屈な服や下着で身体を締め付けると、裸になったときに素肌には跡がくっきり！　なんてことも。身体に合った締め付けの少ないものを身につけて、せっかくの素肌を台無しにしないよう気を付けて。

042【脱がせやすいワンピースで】

一枚で着られるワンピースや、前開きのブラウスなど脱がせやすい服装でデートに挑むのもセクシー。脱がされるシチュエーションを考えて、ピッタリしたデニムなど脱がしづらいものは避けたほうが彼のためかも。

043【天国に導く指】

男性は女性の白くなめらかな手で顔や身体、ペニスに触れられることに興奮するもの。からみつくような、柔らかでなめらかな手は口ほどにものをいいます。吸い付くような感触を目指して、ハンドケアは忘れずに。

044【指先はあくまでも淑女】

デコラティブなネイルアートは清潔感がないと男性から嫌《けん》厭《えん》されがち。アートは控えめかヌーディが得策でしょう。ほどほどの長さに整えて、ささくれなどで彼の肌を引っ掻いてしまわないようにケアをしておきましょう。

045【性器のにおいには専用の石けん】

甘酸っぱいにおいがするのは普通のことですが、どうしても気になってしまう人は性器のにおいに対応した優しい石けんで、性器周りを洗ってみましょう。膣内の環境が乱れてしまうので、性器の中までは洗わないで。

046【急なお誘いには】

シャワーを浴びてないときに急にベッドに誘われると、匂いや汚れが気になるもの。そういうときはデリケートゾーン専用のウェットシートでケアすれば、安心して彼にあなたのすべてを味わってもらえるはず。

047【口臭は愛の妨げ】

口臭が気になる人は歯磨きだけでなくマウスウォッシュも併用して。デートで食事をした後はトイレで軽く口をすすぐなど、口内に食べ物が残っていることがないように。ミントのタブレットやガムを噛むのも有効です。

048【ツルツルのわきが目標】

毛抜きで抜いてしまうとボツボツが残ってしまい、肌トラブルを起こす原因に。シェービングムースを付けて肌を保護しながら剃って、仕上げに保湿をするケアがベター。また、脱毛はサロンにまかせてしまうのも手です。

049【無駄な体毛の処理は……】

口元のうぶ毛は肌を傷つけない電動カミソリで処理。腕やすねなど、広範囲のむだ毛処理は脱毛クリームや脱毛器を使って。下着から大幅にはみ出してしまうアンダーヘアは、長さを整える程度にハサミでカット。

050【角質ケアも忘れずに】

ひじ、膝、かかとのガサガサは減点対象。お風呂で湯船に浸かり、角質を柔らかくした後、スクラブ剤を使用し角質除去を。天然塩のスクラブソルトを使うとミネラル分が肌に作用してすべすべになるのでお試しを。

051【オイルを味方につけて】

抱き心地のいい体は触り心地のいい肌から。ボディバターではベタついてしまう人は、精製されたオリーブオイルや椿油をお風呂上がりの素肌にのばして。クリームとは違う、吸い付くような肌が完成します。

052【トイレは済ませておいて】

行為の最中にトイレにいくのはムードを壊してしまうし、我慢していたらセックスに集中できません。トイレは事前に済ませておくように。また、便秘は膣を圧迫し感じにくくさせるので、解消させておきましょう。

053【鏡の前でボディチェック】

鏡に裸を映して官能的な部分を探しましょう。小ぶりでも形のいい胸や乳首、脂肪が付いた二の腕も、柔らかく触り心地がよい……など、欠点に思える場所でも魅力あるものに変えて。体に自信を持たせるメソッドです。

054【彼の前ではつま先立ち】

彼に脚がキレイな女だと思われたいなら、部屋の中でも床にかかとを付けて歩かず、爪先立ちで。ヒールを履いているときのような効果が得られるだけでなく、ほどよい緊張感が体に走り、膣トレにもなって一石二鳥です。

055【足先も清潔に】

足もにおいの元となることが多い場所。ブーツを履く冬場はとくに注意、ミント系のパウダーなどをはたくなど予防しておいて。ベッドの中では足先にキスをされることもあります。シャワーでは真っ先に洗っておくこと。

056【ペディキュアは遊んで】

手の爪が派手だと男性は引いてしまうけれど、常に見えていないペディキュアは遊び心を利かせてもOK。あらわになったときのギャップが彼をドキリとさせるでしょう。美しいつま先で彼をもてあそんでみるのもいいかも。

057【耳は官能のスポット】

性感帯である耳を、口や舌で攻められることは充分にあること。洗うのを忘れてはいけません。髪を洗い終えた後にでも、耳をつまむようにして、耳全体、耳裏をお湯で洗って。お風呂からでたら綿棒でぬぐいましょう。

058【ストレッチでしなやかな体に】

普段使わない筋を伸ばしたり、セックスは体のあらゆる筋肉を使う運動。行為中の体勢が辛い、なんてことがないように、ストレッチを習慣づけて体を柔軟に保っておきましょう。ストレッチはむくみにも効果的ですよ。

059【ダイエットのしすぎに注意して】

肥満対策にダイエットはいいけれど、食事制限で体重を減らすのには気を付けて。油分を摂らないと肌がカサついてしまうし、便通も悪くなります。炭水化物を控えすぎると便秘の原因にも。ほどほどを心掛けて。

060【サプリを効果的に使って】

ニキビや肌荒れなどにビタミンB群。肌にハリを与えたいときはコラーゲン。疲れがとれない場合は必須アミノ酸やミネラルなどを。食事だけでは補いきれない栄養素は、サプリを使って内側からのケアを。

心と環境のケア

ハイクラスのホテルに行くと心がときめく、そんな経験はありませんか？　女性は環境の変化に気持ちが左右されやすいものです。環境づくりからメイクラブを始めるつもりで、自分自身も彼も心地よくくつろげる環境をつくるのは、賢くセクシーな女性のたしなみでもあり、腕の見せ所でもあります。不潔で落ち着かない場所からは、とてもじゃありませんが、めくるめく快感は生まれません。あなたの創造力をフルに働かせて、清潔でムードがあり、心からヌードになれるアダムとイヴの楽園のような、二人の愛の空間を演出してみましょう。

061【部屋は片付けて】

散らかった雑然とした部屋では気が散ってしまうだけでなく、ムードにも欠けるもの。さらに清潔感がない状態では、彼の愛が醒めてしまう危険性も。自室であればベッドメイクと同様、整理整頓、掃除をしておきましょう。

062【ベッドリネンで感度UP】

セックスでもっとも重要なのは触覚。麻のシャリシャリした感触、シルクのすべすべした感触、コットンの無邪気な感触、あなたの好きなタイプの感触のリネンを選んで、彼とともにリネンにも抱かれる気持ちで。

063【生活感はなるべくオフ】

部屋のにおいにも気を付けて。生ゴミや排水溝、飼っているペットなど生活感を感じさせるようなにおいは、これから甘い時間を過ごす二人にとっての障害。ゴミや洗い物は溜めないで、換気はこまめにしておきましょう。

064【ビールよりワインを】

アルコールは二人の気分を高め、リラックスさせてくれる媚薬。セックスの前は身体を冷やすビールよりも、ワインなど発酵したお酒がおすすめ。身体を温める作用があり、より深いリラックスに導いてくれます。

065【ローブは最高のナイティ】

あまり日本では身につける習慣のないバスローブや、薄手のシルクやサテンのローブは、するっとひもをほどくだけであっという間に生まれたままの姿になれる最高の衣装。深く開いたスキだらけの胸元をアピールして。

066【ベッドルームに鏡】

ベッドの近くに大きな姿見を用意しておきます。どんなふうに使うかですって？　それは彼が決めてくれるはず。鏡の中で白い肌が絡み合うエロティックな光景に、ポルノ映画の主人公のような気分になってしまうかも……。

067【テクニックよりタッチ】

特別なテクニックがなければ彼を喜ばせられない、そう思い込んでいる女性のなんと多いことか！　彼も求めていることはあなたと同じ。たくさん触れ合ってあなたを感じたいのです。心の求めるままに彼のボディに触れて。

068【彼の手を細い部分に誘導】

ベッドに横になっときは彼の手を腰の一番細いところへ誘導して。ウエストの細さ、腰のカーブを彼に確認させることで女性らしさを強調。よりセクシーな存在であることをアピールすれば、彼が野獣化するかも？

069【クッションをたくさん】

より深い挿入を楽しむために、お尻の下にクッションを敷くのは昔からよく知られているテクニック。いくつかベッドに置いておいて、正常位や騎乗位で挿入されている部分をのぞきこむために使ったり、ピロートークのお供にも。

070【蛍光灯はNO！】

地下鉄の中で、窓に映る自分の顔を見てビックリ！なんてことがあるように、蛍光灯は決して肌を美しく見せてくれません。白熱灯などの暖色系の灯りに替えたり、間接照明を利用して、灯りを味方につけて。

071【間接照明は頭側に】

間接照明を置く場所には要注意！　足元のほうに置いてしまうと、懐中電灯を顔の下からあてたような悲劇的な照明になってしまいます。頭の側かサイドに置くと、ボディの凹凸をドラマティックに際立たせてくれます。

072【窓は開ける？ 閉める？】

自分の声が気になってしまうようだったら窓は閉めておいて。でも、声を他の人に聞かれてしまうかも……というスリルを楽しみたいのならば、少しだけ開けておくという手も。同じくカーテンもお好みで。

073【コンドームはマストアイテム】

お互いが合意のもと子供が欲しいのならば必要ないけれど、性感染症を防ぐためにもコンドームは必要不可欠。彼がポケットに準備していればよいですが、いつもスマートにつけられるように、ベッドサイドにも用意を。

074【ローションとお友達に】

激しいセックスや、コンドームで「ゴムずれ」の痛みを感じるときは、フレーバーつきの可愛らしいパッケージのローションを用意して。手にとって彼のペニスを愛撫すれば、彼もローションの感触の虜になるはず。

075【ムードのある空間】

あまりにも生活感たっぷりの部屋ではなかなか気分がのりにくいもの。ベッド周りだけでも生活感を排除して、天蓋などのロマンティックなインテリアグッズを取り入れて、ムーディーな空間を演出してみましょう。

076【BGMは二人の吐息】

静かにかかる音楽なら、二人の気分を盛りあげるのに一役かってくれそうですが、テレビやラジオがついたままでは、気が散って行為に集中できなくなってしまいます。始まったらそっと消して、音楽に切り替えるか無音で。

077【アロマの効果】

男性は意外とにおいに敏感なもの。アロマディフューザーなどで玄関からよい香りで満たしておくと、彼もリラックスした気分になってくれます。香りはあまり好き嫌いのないラベンダー、ゼラニウムなどがおすすめ。

078【サイドがリボンの下着で】

サイドのリボンを解くと、はらりと落ちてしまう下着は、脚から抜き取らないまま行為に及ぶことが出来るので、男性の目にはエロティックに映るそう。あなたも解かれる、というセクシーな行為を期待しながら身につけて。

079【スカーフを一枚】

道具を使いこなすのは人間の知恵。たった一枚のスカーフをどう使うか、可能性は無限にあります。目隠しに使ったり、手首を縛ったり……。ときには「彼の手首を縛る」なんて使い方を試してみるのもいいかも。

080【ストッキングは目隠しに】

脱がされてしまったストッキング、薄くても黒いものなら目隠しとしても有効に機能。彼を目隠ししても、自分がされてもどちらでも。スカーフ同様、使い方のわからない彼の手首を縛る……なんてことも。

081【枕にアロマオイルを一滴】

寝具には自分では気付かない“自分の香り”がついています。彼の大好きなあなたの体臭ならいいけれど、汗の匂いや時間の経った体臭は幻滅。アロマオイルやくせのない香水を少し垂らして、ふんわりいい香りのベッドに。

082【玄関でスリリングなひととき】

声や物音が外に聞こえてしまいそうな玄関でのメイクラブも刺激的。ドアを閉めるなり激しく求め合ったり、彼をひざまずいて出迎えてフェラチオしたり……。帰る間際に我慢できずもう一回、なんていうのも情熱的です。

083【窓辺やベランダで】

高層階の部屋では窓際でのプレイも刺激的。見られそうなスリルを味わっているうちに、新たな快楽の扉が開いてしまうかも。自宅の場合は、くれぐれも近所の人にあなたの淫らな一面を見られないよう気をつけて。

084【ブラッシング】

頭皮は隠れた性感帯といわれていています。ブラシを用意して、膝枕で髪をブラッシングしたりされたりするのは、リラックスできて後戯としても楽しめる簡単なプレイ。ペットのような気分でブラッシングをねだってみて。

085【小さなトランク】

ベッドの近くに小さなトランクや帽子ケースを用意して、コンドームやアダルトトイ、ローションなど愛の行為に必要なグッズを入れて“秘密のトランク”を作ってみて。新たなグッズコレクションを増やすのも楽しくなるかも。

086【ティッシュ】

デリケートな部分を拭ったりと、事後の処理に必要不可欠なアイテム。ベッドから手をのばしたところには用意しておきたいもの。剥き出しのままでは色気に欠けるので、スタイリッシュなケースに入れるのがおすすめ。

087【肌触りのよいバスタオル】

絶頂を迎えそう、潮をふきそうなときに"おしっこが漏れそう"と感じて我慢してはいませんか？　ベッドを汚すのをためらって心ゆくままに溺れられないなら、肌触りのよいタオルを用意して、ベッドに敷いてみましょう。

088【薄いブランケット】

終わったあとすぐに下着や服をつけてしまうのは味気ないし、かといって丸出しも色気に欠けます。軽いブランケットを一枚用意しておけば、くるまってお互いの肌を触れ合わせながら心地良くメイクラブの余韻に浸れます。

089【お水とミント】

熱いひとときにはほんの少しでも身体を離したくないもの。お水やミントは手元に用意しておいて。彼に口移しで飲ませてもらうのもいいし、ミントを口に含んでフェラチオすると彼はいつもと違う感覚に驚いてくれるかも。

090【気持ちに無理強いは禁物】

セックスで必ずオーガズムを向かえなければいけない、彼を喜ばせるためにも感じなければならない……と思うことは自ら快感の扉を閉じること。セックスの心地よさは自分で自由につくるもの。ただ楽しむことだけ考えて。

091【いつも同じだと思わない】

マンネリ化したプロセスでは、人は興奮しなくなるもの。でも、このセックスがいつもと同じものだと思わないで。服を脱がされるまで同じ流れだったらあなたから奇襲を仕掛けたり、アレンジを加えてドキドキを取り戻して。

092【卑猥な言葉を口にしてみる】

いつもなら躊躇するような言葉を彼に囁きかけて。彼は驚くと同時に、あなたのセクシーな誘いに熱くなることでしょう。して欲しいこと、彼にしてもらって嬉しかったことを、口に出してみるだけでも違います。

093【ゆっくり息を吐いて】

セックスの前に体や気持ちが強ばっているな、と感じたらゆっくり深呼吸を。吸うときよりも息を長くゆっくり吐いて。心の緊張が溶けていくのをイメージして数回行うとリラックスし、感度も高まります。

094【彼の名前をつぶやく】

彼の名前を愛おしく口に出してみるだけで、彼に対する愛情が高まり、情熱的なセックスの前戯になるから不思議です。デートで彼を待つ一人の時間、彼の好きなところを思い浮かべて、つぶやいてみて。

095【子猫のように甘える】

二人の親密さがさらに増すように、行為の前、彼の横に座って、彼に体をスリスリ擦りつけてみましょう。頬を使って擦りつけるようにするとよりいいでしょう。子猫になった気分で彼のハートまでくすぐるように。

セックスのサイン

今日はセックスする？　しない？　あなたが「したい」と思っているなら、それだけで相手もその気になるものです。でも、まだセクシーな関係でない彼とのデートでは、あなたからサインを送る必要があるかも。情熱的に直接「したい」と伝えるのもアリ。その方法に躊躇してしまうなら、スマートなサインを送って、芳醇なワインを味わうように、セックスに至るまでの時間を享受して。そして、彼からのサインも見逃さないように。誘われている、と感じたら、あなたの体は瞬時に熱くなるでしょう。深い仲なら、二人だけのサインを決めても。

096【せっかちなのは“早く”のサイン】

デート中、彼が妙にせっかちだったり、早口だったりしたら、それは“早くあなたとしたい”サイン。早く触れたい、キスしたいのに、人前だからできないと焦っているのです。早く二人きりになれる場所に移動してあげて。

097【触れそうで触れない間隔】

デート中、並んで歩くときは手と手が触れそうで触れない距離をとって。何かの拍子で手が触れてしまう、そんな間隔で。何度か触れあう“ゆらぎ”が、絶妙な焦らしに。繰り返すうち、彼から手を握られてしまうでしょう。

098【「怒ってるのかな？」と感じたら】

彼がぶっきらぼうだったり、いつもと態度が違う……もしかして不機嫌？　というときは、ただ興奮を持て余しているだけだったりします。軽いボディタッチで真意を確かめてみて。いきなり襲いかかられてしまうかも。

099【上目づかいで３秒】

古典的な手段ですが、意外と効果的なもの。見つめるときに「したい」って気持ちをこめるとより伝わります。でも、最長で３秒くらいに留めておいて。３秒見つめたら目をそらす。色っぽさが増しますよ。

100【髪をほどいてみる】

あなたの髪が長かったら、デートも終盤にさしかかった頃、まとめていた髪をほどいてみて。さっきまでとは違う無防備な状態が、“そそる”はず。また髪からシャンプーが香れば、さらに挑発的。

101【髪を触ってもらう】

男性の髪と女性の髪は質感がまったく違います。自分の髪は硬いと思っていても、彼からしてみたらサラサラだったり、柔らかかったり。彼はあなたの髪を触ることで、女性の可愛らしさに気付き、抱きしめたくなるはず。

102【膝と膝を触れさせて】

テーブルやカウンターで隣同士で座ったら上半身の距離はとりつつも、膝だけ触れ合っている状態をキープ。これは「あなたに触れられてもOK」のサイン。膝から伝わる体温に彼もまんざらではない気分になります。

103【やたらと身体が触れ合う】

歩いていたり、隣に座ったりしたときにやたらと彼とぶつかったり、密着したりするなと感じたら、それは彼の身体が磁石のようにあなたとくっつきたがっているサイン。できれば直接触れ合いたいと思っているはず。

104【タッチは指先で】

彼に触れたい、でも恥ずかしい……。そんなあなたは、指先でツンツンとついばむように肩や腕、背中に触れてみて。ほんの少しのボディタッチでも、男性は「触れられた」という事実を鮮明に意識してくれます。

105【パッション・メール】

直接はいえなくても、気分が高まっているときは「朝からずっと発情してるみたい」「めちゃくちゃにされたい気分」など、大胆なメールを送ってみましょう。会う前に期待が高まって、火花が散るようなデートになるかも。

106【明日の予定を聞かれる】

次の日の予定をさりげなく聞かれたり、仕事が忙しいのかチェックされたら……それはあなたと今夜を共にしたいサイン。何も問題がないようなら明日の朝に余裕があることを伝えて、「どうして？」と聞き返して。

107【我慢できないときは……】

彼の手と触れあったら、あなたからその手を握ってしまいましょう。あえて強く握らず、指を揃えて彼の手のひらを撫でるようにするとエロティック。それは立派な「もう我慢できない」のサインになります。

108【ファッションで誘惑】

透けるシフォン素材やレース、膝丈のタイトスカートやフレアスカートはいつだって男性の視線の的。ファッションに興味のない男性でも心がひきつけられるようです。白いパンツやスカートなどの「白ボトムス」も効果的。

109【子猫のようにプルプル】

寒い季節、彼に触れて欲しいとき「さむ〜い！」とプルプルしてみましょう。「寒いから」を口実に手を握ったり、腕を絡ませたり、部屋の中なら彼の腕の中に飛び込んでしまったり、ぐっと距離が縮められます。

110【弱いところを見せる】

「酔っちゃった」は女性の定番の誘い文句。「あなたに行き先をまかせるわ」という意味で「疲れちゃったな」「足が痛くなっちゃったの」など、弱いところを見せて保護本能をくすぐりながら、彼に主導権を預けてみて。

キス

ラブの始まりがキスなのと同じように、セックスももちろんキスから始まるもの。キスすることでお互いの情熱や気持ちの高まりを伝え、相手の愛情を感じることで心も身体もリラックスし、そこで初めて極上の快感への扉が開くのです。「愛を感じるセックス」に、キスは必要不可欠な存在。彼が欲しいとき、思いきり溺れてみたいときは、言葉でいえなくてもその気持ちを唇にのせてキスしてみて。きっと言葉以上に雄弁に、キスがあなたの状態を彼に伝えてくれるはずです。もちろん、セックスの合間にもたくさんのキスであなたの愛情を伝えてあげて。

111【舌はリラックスさせて】

激しく求め合う気持ちはわかりますが、力が入りすぎた舌は硬くなって感触がよくありません。適度に舌をリラックスさせて、柔らかくとろけるような、なめらかな“舌ざわり”をキープしましょう。

112【荒れた唇では幻滅】

ガサガサの唇ではキスをしても彼に心地よさを与えることは出来ません。デートの前日はめくれた皮を濡らしたガーゼで優しく除去し、唇にリップクリームかオイルを塗ってラップでパックを。うるおった唇に整えて。

113【グロスはオフ】

彼を誘うまでは適度に濡れたような唇はセクシーですが、いざ、キスする段階にテカテカのグロスでは、彼がちょっと引いてしまう恐れが。軽くティッシュで押さえる程度で充分オフできるので、さっと取っておきましょう。

114【皮膚と粘膜の間】

性器もそうですが、唇の内側や目など皮膚と粘膜の間は触感のギャップを楽しめる場所。そこに唇を押しつけたり、柔らかい唇や舌で形をなぞるキスを。少しくすぐったいくらいの感覚がゾクゾク感へと変わります。

115【サンドイッチキス】

自分の唇のクッションで、相手の下唇を柔らかくサンドイッチしながら舐めると、男性でもまるでクンニされているみたいな感覚を味わえます。「こういう舐められかたが好きなの」というメッセージも込めて舐めてみて。

116【唇をついばむ】

顔を斜めにずらし、相手の唇全体をチューッと軽く吸って。唇と唇が密着するような感じで密着させたまま、リズミカルに唇の力加減をゆるめたり強めたり。互いの唇の柔らかさを楽しむことが出来るキスです。

117【リップを塗るように】

唇をついばみながら、相手の唇を舌でじらすように、端から端へ、ゆっくり舐めて。決してその中へは侵入せずに、あくまでも唇をなぞるまでに留めて。じらしながらうっとりさせるテクニックです。

118【舌先だけを絡めて】

唇をつけないで、互いの舌だけを伸ばし、触れ合わせるキス。ペロペロと舌先だけを触れ合わせる様は、ヴィジュアルもエロティックなので、二人でいやらしい獣になったような感覚に襲われるかもしれません。

119【口角を舌で刺激】

普通のキスにぜひプラスして欲しいのが、ディープなキスに移行する前に、舌で相手の口角部分をつんつん突いたり、ペロリと舐め上げたりすること。意外な感覚に彼は驚き、あなたをテクニシャンと認定するかも。

120【耳へのキス】

彼の耳たぶを唇ではさんで軽くチュッと吸ってみたり、耳の穴に舌を入れて舐めたりすると、キスの音や唾液の音、あなたの興奮した息づかいが彼の耳にダイレクトに聞こえて、最高の“音の愛撫”ができます。

121【耳をふさいで】

キス中に、彼の両耳を両手でふさいでみましょう。外の音が何も聞こえない状態で、口内で舌が絡まり合ういやらしい音だけが頭の中に響いて、想像以上に興奮します。お互いにふさぎ合うと、二人だけの世界にいるみたい。

122【頭を撫で回す】

キス中にどこかに触れると、キスの相乗効果が生まれます。中でも頭皮は顔に近い性感帯。頭を引き寄せてホールドし、髪の間に手を入れてすくように撫でるのは、快感が湧きあがってくる泉を刺激するようなものです。

123【鼻でかわして焦らす】

キスしようとする彼の鼻に自分の鼻をくっつけ、唇を触れ合わせず軽くかわしてみましょう。息が触れるような距離なのに唇に触れられないもどかしさで、おあずけを食らった彼はもっと熱くなってくれるはず。

124【仕上げの“チュッ”】

ディープな激しいキスのあとは、上唇に軽く触れるように“チュッ”と仕上げのキスを。長いキスのかわいらしい句読点になって、ラブリーな雰囲気に。キスの途中で身体を離さなきゃいけない用事ができたときにも効果的。

125【愛を囁きながら】

「好き」と、彼に対する気持ちを囁くごとにチュッチュッとキス。心が愛情で満たされ、感極まって涙が出ちゃうような熱いキスになるでしょう。愛を囁くだけでなく、彼の名前を囁いても胸が熱くなりますよ。

126【いやらしい音でセクシーに】

クチュッ、チュッ、といった唾液の音は恥ずかしがらずに、あえて立てて。粘膜同士が触れあう音を響かせることで、耳から伝わり官能的な気分に。いやらしいことをしているという認識がさらなる興奮を生むでしょう。

127【唇を奏でる】

唇は第二の性器と呼ばれるくらい大きな性感帯。キスだけでも十分に感じますが、濡れた指先で唇をツーッとなぞるのも、頭の先まで痺れそうな快感があります。触れるか触れないかのタッチで、存分にじらしてみて。

128【狙いをはずす】

キスしようとしているときに、あえて狙いをはずして唇の端やあごに“不時着”させてみて。期待をはぐらかされた彼はじりじりして、その後のキスがより熱く激しいものに。キスしたい彼を怒らせないよう、ほどほどに。

129【歯磨きキス】

前歯と唇の間に、歯ブラシのように舌を差し込んで舐め回してみましょう。舌が彼の硬い歯とぶつかったり、唇の裏側のとろけそうに柔らかな粘膜とぶつかったりして、チャーミングな感触が楽しめます。

130【唇をあま噛み】

優しいキスばかりじゃなく、ときには彼の下唇を軽く噛んでみましょう。柔らかい中にも刺激がある、まるでスイーツに塩をひと振りきかせたような新しい快感が生まれます。未体験の味わいに、彼も虜になってしまうかも。

131【あま噛みは媚薬】

ぷるぷるとした唇、ヌルリとした舌だけではなく、ときには固い歯を使って意地悪な刺激をプラスして。耳たぶや手、腕……キス中に軽く歯を当ててあま噛みを。アメの中にむちを。でも性器へのあま噛みには注意が必要です。

132【疑似セックス】

舌をペニスに見立てて、激しく突き入れたりピストンしたり、それを唇で締め付けたり吸い上げたり……。口を使って疑似セックスをするようにキスしてみると、それに連動して思わず下半身が熱く疼いてきます。

133【キスに始まり、キスに終わる】

「セックスはキスに始まり、キスに終わる」といってもいいくらい重要なもの。その気がない日でも、キスしているうちに自然と盛り上がることも。「今日はどう？」とお互いの気分を確かめる意味でもキスを利用してみて。

134【唇は快感のトビラ】

キスの相性がよければ、セックスの相性もいいものと決まっています。彼とのキスが不快でなく、心地よく感じられたならその先の快感は保証されたのも同じ。勇気を出して、唇で彼との相性を確かめてみましょう。

135【愛情表現は唇以外に】

舌を絡め合うキスも大切な愛情表現ですが、あまりにもディープなキスは性的な印象が強くなりがち。たまには頬や額、鼻や耳の下のほうなど、唇以外の場所に“チュッ”と軽いキスでキュートな愛情表現をしてみて。

136【背骨にスタンプ】

背中が感じやすいのは男性も同じ。彼の服を脱がせながら背骨に沿ってチュッチュッと唇をスタンプのように押し当てていきましょう。後ろから抱きつく形になるので、彼の敏感な部分を手で触るという合わせ技も。

137【関節をあま噛み】

関節の内側は敏感な部分。ここは唇でやさしくキスをしてあげて。でも、外側は感覚が鈍いところ。ひじや膝、指の関節は甘噛みスポット。あま噛みしてくすぐったさを与えて。あなたは小動物になったようにじゃれる感じで。

138【お姫様キス】

騎士がお姫様の手を取り、手の甲にキス……。一度はされてみたいと憧れるシチュエーションですよね。ハードルの高い行為ではないので「して」と可愛くねだってみましょう。チャーミングなやりとりに愛情が深まるかも。

139【足の指にキス】

唇で意外な部分に触れられると、感じたことのない感触にドキッとさせられることも。中でも足の指はかなり敏感。フェティッシュな気分やくすぐったさもあいまって、絶妙な効果をもたらしてくれます。

140【女の急所「膝の裏」】

ひじの裏やわきなど、身体の内側の部分には性感帯が集中しているといわれますが、とくに膝の裏で味わえるビッグな快感には、自分自身も気付いていないことがあります。彼にその未開の地を開拓するチャンスを与えてみて。

141【唇オンリー】

舌も歯も使わず、唇だけを“はむはむ”と動かして、お互いに唇を挟み合うキスは、舌で触れ合いたいのに触れ合えない寸止めの時間を楽しむ大人のキス。先に我慢できなくなって、舌を絡めてしまったほうが負けです。

142【虫歯や歯石をチェック】

虫歯があったり、歯石が溜まったりしていると、口臭の原因になります。まめに歯科へ行き、虫歯チェック&歯石除去をするように心掛けましょう。もちろん、日頃の歯みがきをていねいに行うことが基本です。

143【舌磨き】

何もケアしていない舌には、舌苔《ぜったい》と呼ばれる白い苔状のものが付着している可能性も。舌苔は口臭の原因にもなります。舌用の歯ブラシで舌磨きをしたり、舌苔専用のタブレットで、「美味しい舌」を手に入れましょう。

144【胃もチェック】

まめに歯や舌の手入れをしていても、胃が荒れているとそれが原因で口臭が出てしまうことも。とくにコーヒーをガブ飲みしてしまう人や、もともと胃が弱い人は気をつけて、乳製品などで胃をガードしてみて。

145【唇で彼のパーツをはさむ】

唇だけを使って彼の顔や体のパーツをはさんでいきます。眉、目、鼻、あご……そしてうなじ、鎖骨、肩……と、全身に施してみて。食べられてしまう……という感覚を彼にプレゼント。もちろん、お返しも期待しましょう。

146【寝起きの口臭に注意】

歯を磨いてから寝ても、睡眠中は唾液の分泌が減少するため、寝起きには口臭がすることも。隣で寝ている彼におはようのキスをするときは、キャンディーかミントタブレットを口にしてからがいいでしょう。

147【グミの砂時計】

ぷるぷるのグミを口にいくつも含んで、砂時計のように一つずつ口移しで移動させてみて。全部彼の口に移ったら、今度は彼からあなたの口に……。グミと口の粘膜が絡み合う官能的な感触を二人で感じて。

148【動きはゆっくりと】

たとえ押し倒されたとしても、キスの動きは全てにおいてスローを心掛けて。焦ってするキスは男性からだけで充分。スローな動きは官能的。唇も舌の動きも一呼吸ごとに動かすくらいゆっくりと。

149【瞳は閉じたままで】

キスの最中は目を閉じて、音や皮膚の感覚に集中して。彼のキス顔がみたくても薄目は開けないように。薄目を彼に見つかってしまったらロマンチックな雰囲気も台無しになってしまう可能性が。

150【呼吸は自然に】

初めてのキスでは息を止めてしまうかもしれませんが、夢中になってしまえば、呼吸は自然にできるもの。ただ、主に鼻で呼吸をするので、鼻がつまってないように。鼻からヒューヒューと呼吸音がしては滑稽ですので注意。

151【手で壁を作って】

キスをするとき、わざと手で口をガード。その上に唇を重ねて、二人の口の間に手の壁をつくるような感じで。徐々に指をひらいて、そのすき間から舌を出して彼の唇へ。もどかしくもエロティックなキスです。

152【頬ずりをしながら】

顔を擦りつけ合うようにじゃれながらチュッチュッと軽いキスを繰り返しましょう。二人で子供に返るような、無心で愛情をむさぼるような、可愛らしい行為です。セックスの前後関わらず、日常的に取り入れて愛を深めて。

153【唾液をゴックン】

ディープキスの最中に彼の唾液を吸って口の中に溜め、音を立てて飲み込んで。いやらしい振る舞いをするあなたに、彼は事後のことを想像してしまうかも。抵抗があるときは、無理にすることはないので、気分がのったらどうぞ。

154【キスして欲しい場所に】

唇以外にもキスして欲しくなったら、彼の顔を手で挟み、して欲しい場所へ優しく誘導して。「ここにもして欲しいの」と口に出しても彼は喜ぶけれど、彼があなたのして欲しいことを読み取ってくれるかどうか、試してみて。

155【あえて薄目を開けて】

薄目を開けてのキスは、あまり美しいものではないのでタブーですが、ちょっとSっぽい態度でなら、あえて薄目で「ふーん、そんなキスするんだ」の態度で挑んで。Mっ気のある相手ならビクンと反応してしまうでしょう。

column
2

古代人の「まぐはひ」は、現代人の「セックス」とはちょっと違う

古代人は性行為のことを「まぐはひ」といっていましたが、この言葉は「セックス」とは少し違う意味を持つようです。古典エッセイストの大塚ひかりさんによると、まぐはひは「見つめ合い、愛の言葉をささやき合い、愛撫し、セックスし、結婚に至るもの」。セックスそのものだけでなく、一連の行為がすべて大切で、分けて考えることなんてできないということでしょう。『古事記』などの日本神話では、「まぐはひ」によって国や神が生まれたとされているわけで、古代人にとって性愛はそれほど重要なものでした。この国の明るい未来には、セックスだけでなく、まぐはひが必要なのかもしれません！

『愛とまぐはひの古事記』
著者：大塚ひかり
発行：ベストセラーズ
(2011年秋 筑摩書房で文庫化予定)

CHAPTER
3

オーガズムと セルフセクシャルケア

Orgazm & self sexual care

心の開放とセルフセクシャルケアでオーガズムを手に入れる

オーガズムとは〝性的快感の絶頂〟といわれていますが、「幸福感に満たされる」「体がスッキリする」「目の前が真っ白になって朦朧《もうろう》とする」「膣が痙攣《けいれん》する」など、人によって感じ方やレベルに違いがあり、「彼と同化する」「宇宙と繋がる」とまでいう人がいます。正解があるものではないのですが、オーガズムをいい換えると「イク」というように、日常では味わえない感覚に踏み入れることであることは間違いありません。

オーガズムとは一般的に、クリトリスの刺激でイク「外イキ」、Gスポットの刺激でイク「中イキ」に分けられています。最近では子宮の入り口付近のポルチオスポット、通称Pスポットが一番の快感スポットだといわれているようです。しかし、女性の体には押すと必ずイク、オーガズムのスイッチがあるわけではありません。世の中には「フェラチオをしているだけでイク」「脳内でイケる」「夢の中でイッた」という人も存在しますからね。

つまり、セックスは体だけでなく、気持ちでしているということです。すごいテクニックを用いたとしても、快感スポットといわれる場所を刺激するだけでは究極のオーガズムに達することは不可能。オーガズムに達するには、たとえばコンプレックスや不安があれば彼に打ち明ける、愛の言葉を囁き合い心の満足感を高めるなどで、警戒心や心のバリアなどを取り外すことが大切です。心がオープンになり、彼との距離感が縮まれば、オーガズムへの道のりも短くなるはずです。

また、自分がどういうことで感じるのかを知っておくのもオーガズムを得るためのポイント。自分が気持ちよくなることなのに彼にすべてまかせるのは酷なので、セルフセクシャルケア、つまりマスターベーションで、自分の体を開発しておくのです。

こうやって準備を整えていくと、ある日突然オーガズムの扉は開くでしょう。

オーガズムに達するためのテク

男性はペニスをこすれば、射精というカタチでオーガズムが目に見えますが、女性の場合はそこに至るまでの方法が確立されていないどころか、こういう風になるという定義もありません。だから、女性は「私はイケないのかも……」と悩みがち。でも、もう悩む必要はありません。なぜならオーガズムを得るためのとっておきのテクニックを35個も集めましたから。

ここで紹介するすべてのテクを試してみるころには、オーガズムを得るためのセンサーが目覚め、これがオーガズムなんだ!と、確信できるような出来事が訪れるでしょう。

156【愛を受け入れる】

オーガズムを得るには、相手に心を開くことから。「私の体だけが目的？」「本当に私のことが好き？」、そんな風に心を閉ざした思考があれば遠ざかります。体を開いてしまったのなら、目の前にある愛を素直に受け入れてみて。

157【言葉で愛を伝え合う】

声に出して「好き」、「愛してる」と伝え合っていますか？ そんなの言わなくても分かっていると思っているかもしれませんが、ラブワードのシャワーを浴びるのと、浴びないのとでは、気持ちの盛り上がり度が全然違います。

158【セックスの不安を話し合う】

「私はテクニックがない」「彼、気持ちよくないのかも」など、女性はさまざまな不安を抱えがち。ひとりで考えても答えは出ませんし、快感の邪魔になるので、お酒を飲みながらなど、腹を割れる雰囲気をつくって彼にそっと告白して。

159【セルフセクシャルケアでイクを知る】

オーガズムは「彼に与えてもらうもの」だと思い込んでいたら、一生オーガズムは得られないかも。オーガズムを感じるのは自分。いくら鉄棒を教えるのがうまい人がいても、本人が練習しなければ逆上がりができないのと一緒です。

160【自然体の自分で】

かわいく喘いだり、美しく見えるポーズをとったりと、醜い自分を見せないようにしていませんか？　そんな風に気を使っていては、心が開けたときに訪れるオーガズムを得るのは難しいでしょう。ありのままでいいのです。

161【愛撫はデートから】

女性の体は、男性の勃起のように一気に準備OKにはならず、挿入できる状態まで膣が潤うには、男性よりも時間がかかります。ですから、デートの最中から、視線を絡ませる、甘い言葉を囁きあうなど、心への愛撫を始めましょう。

162【精力がつく食事の後に】

すっぽん、うなぎ、牡蠣、牛肉など、精がつくといわれているものを食べると、本当に元気が湧いてくる気がします。“病は気から”というように、“性欲は気から”もあてはまりそう。燃えたい日は、ムラムラしそうな食事を。

163【見つめ合う】

最中に目を閉じて、好きなタレントや昔の彼を妄想したりする人がいます。それでイケるのなら止めませんが、それでイケないのなら繋がっている人をもっとリアルに感じるために、「好きっ」と言葉に出して見つめ合ってみて。

164【ほろ酔いで】

理性があるままでは、“ぶっ飛ぶ”と表現されることもあるオーガズムを得るのは難しいもの。リラックスするために少しお酒を飲んでみるのも手。ほろ酔い加減で心のバリアが解けたときに、グッドトリップが始まるかも。

165【集中できる空間で】

無我夢中になれるように、余計な情報はシャットアウトして没頭できる環境づくりをしてみましょう。たとえば、テレビを消す、歌詞が気になるような音楽はかけない、携帯電話の電源を切る、声が漏れない部屋でするなど。

166【下半身を鍛える】

いろいろなポーズや体位をとるセックス。スタミナがないと疲れてしまい、楽しむどころじゃなくなってしまいます。エスカレーターを使わない、スクワットをするなどで日常的に下半身の強化を。付随する性器の感度も上がります。

167【泣いたりわめいたりした後に】

オーガズムを得るために心を開くのが大切だと分かっていても、実際に相手を目の前にすると難しいもの。それなら、感情を発散すると開放的になれる経験を生かして、泣く、わめく、大声を出すなどの行動を起こしてみては？

168【下腹部を温める】

冷たい飲食物や薄着などでお腹が冷えている女性が増えています。下腹の奥は女性ホルモンを分泌する卵巣があるため、ここが冷えていると女性としての機能が働きにくくなります。つまり感度も悪くなるので、絶対に冷やさないで。

169【明日のことを考えない】

「明日の朝早いんだよね」という風に明日の仕事のことを考え出すと、それが気になって、セックスを早く終わらせなくちゃと思ってしまいます。体力を使い果たしてもいいように、休日の前の夜がベストオーガズムデイ。

170【事前に膣に力を入れる】

セックスの前に膣に力を入れてみましょう。ピンとこない人は、脚をクロスさせてYゾーンに力を入れて。性器に血液が集まることと、意識していなかった場所を意識していることを実感できたら、オーガズムへ一歩前進。

171【トイレは済ませておく】

オーガズムに達する前に、おしっこが漏れそうと感じる人がいます。ちょうど膀胱のあたりを刺激されるためそういう感覚になりやすいので事前に済ませておいて。その上で、少しくらい漏れてもいいやと思ったとき何かが起きるかも。

172【挿入中に自分でクリにタッチ】

オーガズムにはレベルがあり、クリトリスを刺激してイクのは一番手軽な方法。クリトリスでイケる人は、挿入の最中に自分でクリトリスにタッチしてみると、次のステップのオーガズムが近寄りやすくなります。

173【ローターを味方に】

アダルトグッズの中でも、初心者にも使いやすいのがローター。モーターで震える小さな器具です。これをクリトリスに当てがうと、細かい振動ですぐにイってしまうことも。彼とのセックスに一度は取り入れてみてはいかが？

174【目隠しで我を忘れる】

アイマスクや手ぬぐい、タオルなどで目隠しをされると、それだけで「どうなっちゃうんだろう……」という不安でドキドキ。その緊張感は、オーガズムに近づくためのエッセンス。手軽で効果絶大なので、ぜひ試してみて。

175【一緒にお風呂に入ってから】

「あそこがにおったらどうしよう…」なんていう不安がオーガズムの邪魔をしている場合もあります。それならば、事前に一緒にお風呂に入ってきれいに洗いっこしてから望んでみては？　不安の種は元から流しちゃいましょう。

176【媚薬を使う】

アダルトグッズショップには“媚薬”と呼ばれるクリームやジェルがあります。また、アロマオイルにも催淫作用のあるものも。こういった人の神経を狂わすようなアイテムを使ってみると、新しい世界が開けることも。

177【床の上で】

いつもベッドの上で愛し合っているなら、床の上でまぐわうのも一風変わっていいでしょう。ただし、体が痛くなることがあるのでクッションやマットの準備をお忘れなく。またキッチンのテーブルに手をついて……なども新鮮で◎。

178【してほしいことを伝え合う】

行為の最中に「そこじゃないっ！」ってじれったく思ったことがある人もいるのでは。それならば、普段の会話の中で「◯◯が気持ちいい」「挿入中にクリトリスを触ってほしい」などお互いにしてもらいたいことを話し合ってみて。

179【口をふさがれながら】

何かを禁止されると、人間はとたんに鼓動が高まる傾向に。そこで「声を出してはいけない」といわれ、口に手を当てられるプレイをおすすめします。“声を出せない自分”に酔いしれて、オーガズムのスイッチを押せることも。

180【ときにはAV女優をマネて】

AVというのは見せるセックスで、現実的ではありません。でも、あえてAV女優になりきって思い切り喘いでみるのも楽しい。最初はわざとでもいつの間にかそれが演技なのか現実なのか分からなくなり……ビックリ体験があるかも。

181【「気持ちいい」と口に出す】

気持ちがよいときは、ぜひ言葉に出して。その言葉で彼にエンジンがかかるはず。彼が興奮して硬さが増せば、今度は自分の興奮にも繋がるでしょう。ひとこと言葉を発するだけで、お互いの興奮サークルが始まるのです。

182【野球拳で芯まですっぽんぽんに】

すぐに服を脱いでしまっていたらもったいない。洋服はじわりじわり脱いでいくのが興奮を高め、興奮状態が続くほどオーガズムは近づきます。じゃんけんをして負けたほうが服を脱ぐという野球拳なら、じわりじわりと心も裸に。

183【挿入の前にクリでイク】

いわゆる「中イキ」と呼ばれる、挿入しながらのオーガズムに憧れる人は多いようです。そのためには、挿入の前にクリトリスの刺激でイっておくこと。すると体の緊張感がほどけるので、挿入してからも感度の吸収力がアップ。

184【一体感を堪能する】

ひとつになったとき、ピストンはやめてもらって膣に意識と力を集中させて、彼との一体感を味わってみましょう。耳元で「好き」「気持ちいい」などの言葉を囁き合うと、膣が意志を持ったようにピクピクと反応しだすかも……。

185【攻めと受けを分ける】

このままだとイっちゃいそう……というときに、「次は、俺のを舐めて……」と、攻守交代させられ興冷めした。そんな経験ありませんか？　本当にイってみたいと思ったら、彼に相談をして、受け身に徹する日を設けてみても◎。

186【なかなか挿入させない】

膣の奥は出産に耐えられるように無感覚地帯になっています。でも挿入が気持ちいいのは、膣の入り口付近に快感神経が集中しているから。挿入をじらすことで、入り口の感覚を磨くことができ、彼が入ってきたときの喜びが増加。

187【挿入しても動かさない】

オーガズムを得られない理由のひとつに、受け身すぎることが考えられます。それを回避するには、挿入後、彼に動くのを止めてもらい、欲望を高めて。そうすることで自分の方から動きたくなってきて、快感を引き寄せます。

188【隠語を囁かれながら】

耳元で「こんなになってエッチだなあ……」なんて囁かれたら脳にスイッチが入り、とろとろに溶けてしまいそうに。彼が後ろからというのが、耳や首筋など性感帯といえるスポットをたくさん攻めてもらえていいでしょう。

189【抱き締め合ったまま妄想】

抱き合ったまま、10〜20分間、相手にされてみたいこと、してみたいことを想像し合います。そのときお互いの股間が元気になっても決して触ってはいけません。その後にするセックスは、想像を絶するほどの快感に包まれるはず。

190【いろいろなところを同時に】

女性は2か所以上を同時に愛撫されると、だんだんとおかしくなっていくもの。挿入して乳首とクリトリスを触られる、キスをしながら頭や背中を触られるなど、同時多発愛撫でこれまでにないエクスタシーを感じて。

セルフ
セクシャルケア

オーガズムを得たいと思っているなら、ぜひともセルフセクシャルケアを行いましょう。あなたがイケないのは自分がどうやったら気持ちよくなれるのかを知らないだけなのかもしれません。どこをどんな風に触ると気持ちいいのか、自分はどんな刺激で興奮しやすいのか、それを知っているのと、知らないのとでは快感の質が変わってくるのです。性欲を自分で処理するのって寂しい、恥ずかしいことだと思う人もいるかもしれませんが、決してそんなことはありません。それよりも、自分の性の喜びを全部人まかせにしているほうが、ちょっと心配です。

191【爪やすりで磨いてから】

手を使う場合は、デリケートな部分を触るのですから、爪が長くてはいけません。爪やすりで丁寧に磨いてから触るようにして。またネイルをしている人は指にコンドームをつける、バイブを使うなどで、性器を傷つけないように。

192【セクシーなランジェリー姿で】

着るものを変えるだけで気分は変わります。セルフセクシャルケアを行うときも、お気に入りのランジェリーやベビードールを身につければ気分はうっとり。これから彼が遊びに来る妄想に浸れば、抜けられなくなるほどハマるかも。

193【キャンドルの明かりを灯して】

蛍光灯の下でエッチな行為をしようと思っても、スイッチが入りません。お気に入りのキャンドルに火を灯して、ロマンティックな薄明りの下で始めてみましょう。普段よりも、どっぷり官能の世界に浸れそう。

194【窓を少し開けて】

外から見られては困りますからカーテンは閉めておきたいのですが、窓を少し開けてのひとりプレイはたまりません。なぜなら、隣から声が聞こえるたびに、「見つかるかも……」というスリルが味わえ、興奮を高められるからです。

195【彼のYシャツをはおって】

彼が使った枕やタオルの匂いでエロスな気持ちにスイッチしたこと、皆さんも経験があるでしょう。匂いから彼との熱い記憶が呼び起こされているのですよね。彼のシャツを羽織ってしてみたら……切ないほど感じちゃうかも。

196【鏡の前でポーズをとって】

セクシーな気分を高めることはセルフセクシャルケアの基本なので、鏡の前で挑発するようなポーズをとってみましょう。背筋を伸ばして見下ろしたり、セクシーなポーズをとったりするうちに官能スイッチがいつの間にかONに。

197【ショーツごしに】

セルフセクシャルケアといえば、自分の手であそこを触ることだと思っているかもしれません。でも直接触るよりも、ショーツの上からクリトリスをこすったほうが気持ちいいという人も多いんです。騙されたと思って試してみて。

198【くいこませる】

ショーツを使ったケア方法の第2弾です。大事なところに当たる部分をギュっと寄せてワレメにくいこませるようにします。キュッキュッと上に引っ張るように刺激すると、誰かにいたずらされているような淫靡な気分に……。

199【触り方にバリエをつけて】

お気に入りの触り方はあると思いますが、クリトリスだけじゃなく、小陰唇、大陰唇も振るわせたり、爪ではじいたり、今までとは違った触り方をしてみましょう。快感にもバリエーションがあることに気が付くかもしれません。

200【指を2本使って】

クリトリスを刺激するとき、指1本を使っているなら、ときには人差し指と中指、または中指と薬指の2本を使ってみて。1本で刺激するときよりもパワフルな刺激が加わるので、一気にオーガズムに達せるでしょう。

201【両手を駆使して】

どっぷりと集中できる時間があれば、ぜひ両手で行うセルフセクシャルケアを。片手でワレメを開いてもう片方の手でクリトリスをいじる。クリトリスを刺激しながら膣に指を入れる。触るべきところはたくさんあります。

202【ベッドの上で寝そべって】

ところでどんなポーズで行えばいいのでしょう？　多くの人が試したことがあるのは仰向け。あそこに手をもっていきやすい上に足をピンと伸ばしやすくイキやすいからです。壁にもたれるようにしてもいいでしょう。

203【M字開脚のポーズで】

エロティックな気分になりやすいのがM字開脚でのセルフセクシャルケア。こんな淫らな恰好をしているという思いが、ラブジュースのコックをひねりやすくし、あそこはフレッシュなジュースがたっぷり。それを鏡に写しても。

204【セクシーキャットをイメージして】

女性のセルフセクシャルケアのお決まりポーズといえば、四つんばいのポーズはハズせません。ただ四つんばいになるのではなく、猫がノビをするときのようにしなやかにポージングを決めてみたら……エロスな気持ちが沸騰寸前に。

205【唇を舐める】

あそこだけで感じるなんてもったいない。唇もとても感じるスポットなので、愛する人とのキスを思い出して、自分で唇を舐めてみて。いやらしいシーンが想像しやすくなり、気付けばディープな快感に飲み込まれそう。

206【じらしながら】

セックスのとき、いっぱい期待感をもたされてから触られると感度が増すように、自分で触るときもすぐにタッチしないこと。あそこにギュっと力を入れつつも触るのをお預けにすると、触れたときの感動がすごいんです。

207【シャワータイムに】

お風呂タイムにセルフセクシャルケアを覚える女の子が多いこと、知っていました？　たまたまシャワーがあそこに当たったときに、電流が走ったような気持ちよさを味わって、ハマってしまうそう。ジャグジーも同様です。

208【布団で圧迫】

手を使わず楽しむ方法もあります。それは股の間に布団や毛布などを挟んでギュっと内ももに力を入れるやり方。股に何かを挟むことで股間に力が入れやすく、感度の高いクリトリス&膣の入り口が、芯から刺激されることに。

209【うつ伏せになり力を入れる】

見た目は地味で人には見られたくないのですが、うつ伏せというのも意外とおすすめ。恥骨が圧迫され、感じるスポットがギュウと濃縮されるので、膣に力を入れるとそれだけでイキそうになることも。手を差し込んで触ってもOK。

210【官能小説を描く】

自分がしてみたいセックスをテーマに、官能小説を書いてみましょう。コツは"ぐちょぐちょと大きな音を立てた"など、想像力を掻き立てるような擬音を入れること。脳の中がエロスで満たされたら、股間にそっと手を伸ばして。

211【ラブグッズを使う】

バイブレーターって彼に使ってもらうものと思っている女性もいるようですが、元来、女性のヒステリーを収めるために生まれたもの。女性が自分の性欲をケアするためのアイテムなんです。積極的に使ってみるのもいいでしょう。

212【ラブジュースをマドラーで】

セルフセクシャルケアを研究している女性に教えてもらった、とっておきのワザは、アイアンでできたマドラーをあそこに入れてかき混ぜる方法。ひんやり無機質な感触で、次から次へとフレッシュなラブジュースが溢れ出てきます。

213【コンドームをかぶせて】

成人向けの本やDVDの中には、女性がウズきすぎて中に野菜などを入れるシチュエーションがありますが、その場合は衛生のために必ずコンドームをかぶせてからにしましょう。バイブを使うときも同様です。

214【他人に触られている状況を】

誰かに触られている感覚を味わいたいなら、片手の力を抜いてもう片方の手で手首を握り、他人の手を持って自分の体を触らせているというシチュエーションをつくってみては？　意外と浸れることにビックリするかも。

215【バストをもてあそぶ】

忘れてはいけないのがバストへの刺激。全体を大きくほぐすように揉んだり、バストトップを擦ったり摘まんだりして快感を得るようにします。指でローションを乳首に塗って刺激するのも、官能的な世界を味わえます。

216【彼に見られているかも……】

好きなタレントやアーティストが出ているDVDやTVを流しながら行うケアは、彼に見られているような気がしてきて超ホット！　熱中しすぎて家族が帰ってきたことに気付かないと困るので、同居人がいる人はご注意を。

217【3P気分を味わうには】

ひとりなのに三人でプレイしているような気持ちになれるテク。ディルドというペニスの張り型のようなラブグッズを2本用意し、1本は膣へ、1本はお口にくわえます。まるで二人の男性を相手にしている気分に……。

218【家具の角に擦りつけて】

自分の手であそこが触れないという人におすすめなのが、家具の角を使ったテク。洋服を着たまま角に股間をすりすりと押し付けるのですが、やっているうちに騎乗位時のような気分になり我を忘れて腰を振りまくるかも……。

219【電車の中でこっそりと】

セルフセクシャルケアの上級者ともなると、「電車の中で、膣を締めたり緩めたりするだけでイキそうになることがある」との発言が飛び出します。誰かに気付かれちゃうかもというのがいい刺激になるのかもしれません。

220【禁断のアナルへ】

もっと刺激が欲しい……そんなあなたはアナルに指を伸ばしてみては。傷つきやすい器官なので中に指を入れるのではなく、ローションを使って穴の周りをくるくるとマッサージ。アナルを触った手を膣に入れるのはやめましょうね。

CHAPTER

4

タッチング

Touching

愛のこもった濃密なタッチングは
その後のセックスの流れを変える

「セックスのメインディッシュは挿入」

いまだにそんなふうに考えている人がいるのは、とてももったいないこと。セックスの神髄は、むしろ、タッチングにあるといっても過言ではありません。

触れるという行為には、癒したりリラックスさせたり、相手に落ち着きを与えるパワーがあります。たとえば、恋人はもちろん、家族や友人と接するとき。言葉はなくても、手をつないだり肩を抱かれたりしただけで、心地よい安心感を得られることがありますね。お互いの肌を重ねることは、ときに言葉を交わし合うよりも、深いつながりを感じられるもの。「タッチセラピー」という療法があるように、タッチングは私たちが思う以上に、心身に深い影響を与えているのです。

　そして、触れるということの延長線上に、セックスがあります。挿入も、オーガズムも、あくまでタッチングの延長行為だととらえてみてください。お互いの体にタッチしながら、愛情と快楽を共有する。近ごろでは、前戯においてこの過程をおざなりにする人が少なくありません。ところが、挿入と射精をメインとした交わりでは、セックス本来の快楽を十分に得ることは難しいでしょう。なぜなら、前戯におけるタッチングはお互いにとってのウォーミングアップの役割があり、この行為があるかないかで、その後のセックスの流れが180度変わってしまうから。また、タッチングの大切さに気付かないままお手軽なセックスを続けていれば、やがて歳をとって体の機能が衰えたとき、愛情の確認作業という本来の目的を見失ってしまうかもしれません。

　こうしたことを踏まえ、今一度、前戯におけるタッチングについておさらいしておく必要があります。あなたとパートナーに合ったオリジナルのタッチメソッドを追求することで、今までの前戯がよりいっそう濃密なものになるはずです。

男女の性感帯

♂

【背中】

背骨に沿って揉まれると緊張がほぐれてリラックスする。

【胸】

乳首も含め、性感帯のひとつだが、サラリと触れる程度に。

【手・指】

ペニスに見たてて舐められれば、妄想のスイッチがオン。

【ペニス】

亀頭、カリなどの感じ方に個人差はあれど、性感帯のトップ。

【陰のう】

ペニスと同時に攻められると、興奮度合いはマックスに。

【耳】

やさしく触れられたり、舐められたりするとゾクゾクする。

【首】

うなじあたりを攻められると、ムクムクと下半身が反応。

【内もも】

興奮度が高まる、股間を触る前のじらしにもってこいの場所。

【アナル】

一度気持ちよさを知ってしまうと、虜になってしまう人も。

【会《え》陰《いん》】

陰のう裏とアナルとの間にあり、触れられたい男性も多い。

♀

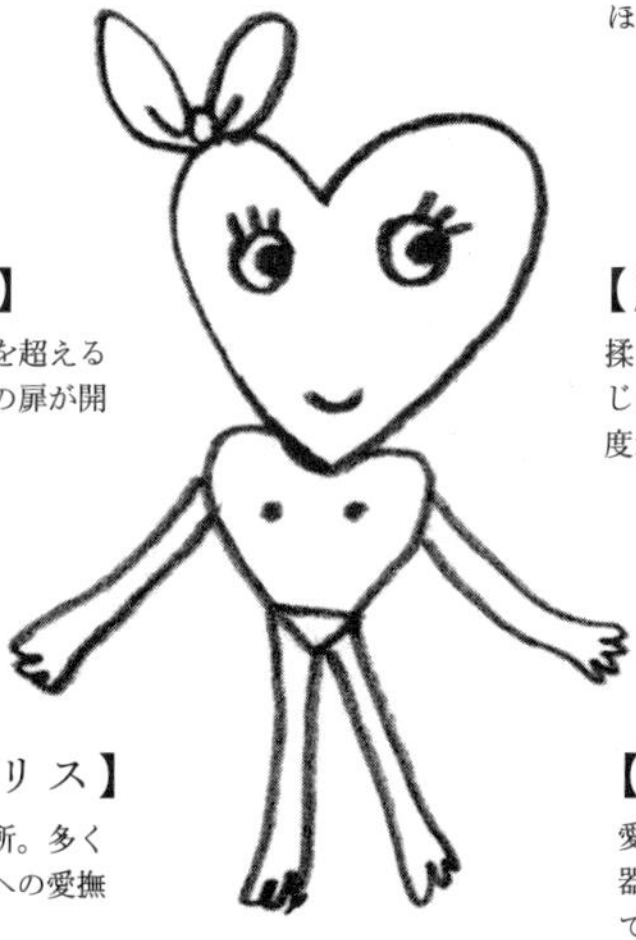

【背中】

やさしいフェザータッチで、快感が全身を駆け抜ける。

【デコルテ】

鎖骨から首筋のライン。舐められると淫靡な気分に。

【耳】

感度が高く、女性器を表しているといわれるほど敏感。

【わき腹】

くすぐったさを超えると新しい快感の扉が開くかも。

【胸・乳首】

揉まれたり、乳首をいじられたりすると、感度がさらにアップ。

【クリトリス】

最も感じる場所。多くの女性がここへの愛撫でイケる。

【内もも】

愛撫されるほど、性器への愛撫を期待してムズムズする。

【膣】

中ではなく、入り口部分に感度の高い、Pスポットがある。

タッチング

スイッチが入っていないときはくすぐったいだけ。でも、大好きな人に触られると、なぜか気持ちいい……そんな不思議な場所を、性感帯と呼びます。胸や性器など敏感な場所以外にも、頭からつま先まで、性感帯は全身に散りばめられているものです。でも、「どこを触っていいかわからない」と思ったら、まずは、あなたが触られて気持ちがいいと感じる部分から、ゆっくりと攻めてみて。撫でたり、つねったり、舐めたりと、刺激の与え方もさまざまです。たっぷりと時間をかけながら、お互いにとって一番気持ちいい性感帯を探してみましょう。

221【筋肉を褒めて二の腕にタッチ】

まずは、デート中のタッチ法から。二の腕へのタッチは男性の好感度も高く、あざとくないのでファーストステップにはもってこい。「筋肉すごいね」「細くていいなあ」などの言葉を添えれば、よりタッチが自然に。

222【ホクロをチェックする】

「ここにホクロあるんだね」と、彼の顔、首すじ、耳元周辺にさりげなくタッチ。さらに、ホクロを愛撫するイメージでやさしく撫でてあげて。滅多に触られない場所なので、彼にとっては新鮮な刺激になるはずです。

223【プチマッサージで刺激する】

手や肩への簡単なマッサージは、スキンシップの基礎。肩を揉むついでにうなじを刺激するなど、少々セクシャルなテイストをプラスするなどの工夫をしましょう。終わったら「私もやって♥」とおねだりするのもアリ。

224【長時間のアイコンタクトを】

楽しい会話の合間にも、静寂でしばし見つめ合う“目のタッチング”を。「目は口ほどにものをいう」というように、彼への好意を目線でアピールすることで、逆に彼の気持ちをこちらに惹き付けておく効果があります。

225【会話中は、太ももに手を置いて】

性器への接触を予感させる太ももタッチは、男性をドキッとさせる小ワザのひとつ。バーなどで横並びになったときに、話を聞きながらそれとなく手を置いてみて。余裕があれば、撫でたり軽くつねったりしてみても◎。

226【足をからめる】

レストランで食事をしながら、テーブルの下でこっそりと彼の足に自分の足をからませる小悪魔的挑発にチャレンジ。何気ない顔で食事を続けていても、彼の意識はあなたの足に集中し、下半身が反応してしまうかも。

227【フェザータッチ】

ベッドでのタッチングは、全身へのフェザータッチからスタート。肌の表面に生えている産毛を指先でなぞる感覚で、首や肩周りは秒速3〜5cmの速さでゆっくりと、背中など長い距離の場所は、サーっと一気に刺激します。

228【じんわり圧迫する】

フェザータッチのなかにも、指の腹や手の平を使った圧迫系のタッチを盛り込んでメリハリをつけて。相手の呼吸のリズムに合わせながら、太ももやお尻などの肉厚な部分をマッサージ感覚で揉んだりつねったりします。

229【振動させる】

指先や手首に近い手の平の部分を肌に当て、小刻みに振動を与えます。女性でいう恥丘や尾てい骨の部分に行うと、性器周りの筋肉が刺激されて感度がアップします。途中、力を入れ過ぎて爪を立てないように注意。

230【産毛に逆らうように撫でる】

円やジグザグを描く、直線上を往復するなど、撫でる際の指の動かし方もさまざま。とりわけ効果的なのは、爪の表面で、産毛の流れに逆らった方向に撫でること。フェザータッチのアクセントとして取り入れられれば◎。

231【洋服の縫い目にタッチ】

わき腹や腰骨、ビキニラインなど、洋服の縫い目に当たる皮膚の部分は性感帯にあたります。彼が服を着たときの縫い目の部分を想像しながら、それをなぞるように愛撫。軽く爪を立てれば、ゾクッとするような快感が。

232【バンザイポーズでわきの下を刺激】

くすぐったいと感じる部分も、開発次第で立派な性感帯に。特にわきの下周辺は、普段は隠れている場所だけに羞恥心を誘い、心理的要素からも刺激できます。バンザイさせて撫で上げる強引なやり方で、彼を興奮させて。

233【じらしの作用】

タッチングで注意したいのが、性器や乳首など、敏感な性感帯はなるべく後回しにすること。近い部分までは触れても、わざと急所を外して"おあずけ感"を与えることで、いざ触れたときの快感は数倍に跳ね上がります。

234【背中は性感帯の宝庫】

背骨周辺には多くの神経が通っており、感じやすい部分。お尻の割れ目から首筋までのラインを一気に撫で上げれば、電流が走ったような感覚を与えられます。彼をうつ伏せにするというシチュエーションも斬新！

235【感度良好な"穴パーツ"への刺激】

彼をうつ伏せにしたら、背中に覆いかぶさったまま耳への愛撫にシフト。耳やおへそなどの穴が開いた部分は敏感な性感帯なので、積極的に攻めてOK。ただし、おへそは内部まで刺激せず、側面の部分でとどめること。

236【骨ばった部分にキスのシャワーを】

肩や肩甲骨、鎖骨、尾てい骨、腰骨など、骨が出っ張った部分は柔らかな刺激に弱い場所です。骨の流れに沿うように、キスのシャワーを浴びせましょう。たまに「チュッ」と音を立てると、興奮が高まるはず。

237【ソフトにまぶたを刺激する】

アクセントにまぶたへの愛撫を。目を閉じた状態でまつ毛の生え際を指でなぞれば、こそばゆいような新感覚が味わえます。ただし、ギュッと目を閉じてしまうと効果はありませんので、彼が怖がるようならやめましょう。

238【心理効果が高い指への愛撫】

手や指は感覚が発達した部分であると同時に、視覚からの興奮も誘える場所。指と指の間の水かき部分を舐めたり、指をペニスに見立ててフェラチオをするように舐めたりして、触覚と視覚の両方から彼を興奮させて。

239【胸をフル活用する】

タッチングにおいて、女性のおっぱいはダメ押しの秘密兵器。全身に胸を擦りつけるだけで、その女性らしい柔らかい感触に彼はうっとり。性器や鼻、おへそなど凹凸がある部分に乳首をぐりぐりと当てても気持ちいい。

240【縦スジ部分は上下に刺激】

背中や首すじ、ペニスなど、縦にスジが通っている部分はそれに沿うように上下に刺激するとゾクゾクした快感を与えることができます。指や舌でスーッと上下の摩擦を繰り返して、鳥肌ものの快楽の世界へ彼をいざなって。

241【乳首＋αの攻めを】

乳首のように非常に敏感な性感帯を攻めるときには、同時に違う場所も刺激すれば、個々の快感が呼応し合ってより感度に深みが出ます。乳首タッチ＋首筋舐め、乳首舐め＋わき腹撫でなど“＋α”の刺激を意識してみて。

242【そけい部は円を描くように】

腰骨からそけい部、太もも周辺は、性器へのタッチを予感させる敏感な部分。大きな円を描くようなフェザータッチで、性器には触れないよう寸止め愛撫を施せば、彼の方から「あそこも触って」とおねだりされるかも。

243【股間を意識した“ながら愛撫”を】

ダイレクトなタッチはギリギリまでおあずけにしても、彼の性器の存在は常に意識すること。上半身へのタッチをしながら膝や胸でさりげなくペニスを刺激する、間接的な“ながら愛撫”ができればタッチング上級者。

244【網タイツをまとった足で撫でる】

手や舌以外にも、足を使ったタッチングはとても官能的。ただ足で撫でるだけではなく網タイツをプラスして、指先でペニスをもてあそんだり太ももで顔を挟んで圧迫したりと、挑発的なプレイを仕掛ければお互いに興奮！

245【アナルをなぞる】

羞恥心や被支配感、タブーな部分に触れられたアブノーマル感を味わえて、多くの男性にとってアナルへのタッチは興奮剤のよう。ただし、いきなり指を入れるなど強い刺激は避けて、シワをなぞるようなソフトタッチを。

マッサージ

恋人同士のマッサージは、かけがえのない贅沢な時間。もし、あなたが彼のツボを心得たマッサージテクを身につければ、彼にとって、あなたが唯一の〝癒し〟になります。そして、そうした癒し力は、彼の心を末永く惹きつける恋愛力となるのです。ここでは、通常のマッサージに性感を高める手法を交えた、カップルのためのテクニックをご紹介します。セックスの前に実践すれば驚くほどの快感を得られ、触れ合うことの大切さにあらためて気付かされるでしょう。彼にもおねだりして、お互いでマッサージし合うことで、さらに愛情が深まるはず。

246【体全体をさする】

リラックス効果を高める基本的な動作です。背や腹など面積が広い部分は手の平で、首など皮膚が薄い部分は親指以外の4本指で、手足は親指の腹を使って圧迫を与え、箇所によって手のパーツを使い分けてみましょう。

247【揉む】

肩や首以外にも、コリがたまりやすい部分は体全体に広がっています。日常的に行う肩揉みなどのマッサージと同じ要領で、全身を揉みほぐしてあげましょう。体の感度を高めるための準備作業になりますので、丹念に。

248【ねじる・押し広げる】

腕や足は、両手でつかみながら親指を使って左右に押し広げるようにマッサージすると◎。筋肉が深部までほぐれ、コリが吹き飛びます。また、ふくらはぎは両手でねじるように刺激すると、じ～んと痛気持ちいい感覚が。

249【叩く】

叩く動作は軽快な刺激を与え、血流をよくする効果があります。軽く握ったこぶし、または手刀の形にした手の側面で、肩や背中、太ももをリズミカルに叩きましょう。相手の体が、軽く揺れるくらいの力加減がポイント。

250【揺らす】

お尻や太もも、二の腕など肉厚な場所は、柔らかな肉の部分をつかみ、ぷるぷると震えさせましょう。とくにふくらはぎは、彼をうつ伏せにさせた状態で足を折り曲げ、両足首を持ちあげて揺らしてあげるとよいでしょう。

251【室内の温度をチェック】

カップルで行うマッサージの基本は服を脱ぐか、下着で行います。ここで体が冷えると血の巡りが悪くなり、感度が下がってしまいますので、室内を適温に保つことに気を配って。眠りを誘うくらいの心地よい温かさが理想。

252【非日常空間を演出】

マッサージに没頭するには、非日常の空間づくりを。間接照明で薄暗くして、民族音楽やヒーリングミュージックを流してリラックス。催淫効果のあるイランイランなどのお香を焚いて、よりセクシーな気分をいざなうのも手。

253【気分を盛り上げる下着を】

彼にマッサージをしてあげるときは、ベビードールやGストリングのショーツなど、興奮を誘うランジェリーを身につけて、お互いの気分を十分に盛り上げましょう。上品なデザインのガーターベルトをつけるのもアリ。

254【アロマオイルやローションを使う】

オイルやローションを使うことによって皮膚の摩擦が軽減され、マッサージをよりスムーズに行えます。アロマオイルの香りは種類ごとにさまざまな効能があるので、好みのものを二人でチョイスする作業も楽しいですよ。

255【リンパの流れを意識する】

体内をめぐって水や老廃物を運搬し、体の浄化システムとして機能している「リンパ管」。リンパは体の末端から心臓に向かって一方通行に流れているため、マッサージもそれに沿うように、外から内に流すのが基本です。

256【ツボを意識する】

もうひとつ意識しておきたいのがツボ。疲労や二日酔い、内臓に効くツボなどさまざまな効能があるので、2つ3つ覚えておいて損はありません。ちなみに、ツボが集中している場所は手の平や足、そして背骨周辺です。

257【足指からスタート】

まずは、彼をうつ伏せにして、足指1本1本にオイルを馴染ませる要領で丁寧にマッサージ。足の裏はツボが集中しているので、親指で強めに圧迫してみましょう。土ふまずからかかと周辺への刺激は、疲労回復に効果あり。

258【足のむくみ取りマッサージ】

左手でかかとを押さえながら、右手でふくらはぎをつかむようにして上下にさすります。徐々に上へ移動し、太ももに到達したら、両手に切り替えて同じ動きを。リンパに沿って老廃物を流すことで、むくみを取り払います。

259【首と肩のマッサージ】

首筋はソフトにつまみあげ、うなじから肩を行き来するように揉みます。うなじ周辺には疲労回復のツボがあるので、それも刺激するイメージで。肩はコリがたまりやすい部分なので、労う気持ちで丹念に揉みほぐして。

260【百会《ひゃくえ》のツボ押し】

彼の髪の生え際に両手の指先を入れ、頭皮をじんわり押さえつければ、頭皮がリフレッシュされていい気持ち。さらに、頭頂部の中央の「百会」というツボを刺激すれば、脳内の血行を促進させ、自律神経を整える作用も。

261【頭をリフレッシュさせる】

頭のマッサージの仕上げに、両手の平をお椀型にして軽く握り合わせ、それを使ってパタパタと頭全体を叩きます。ほどよい力加減とリズミカルな刺激で、抜けるような気持ちよさ！　頭部全体がほぐれ、リラックス効果も。

262【仙骨へのマッサージ】

仙骨とは、尾てい骨の上、骨盤の中心に位置する骨。彼をうつ伏せにさせ、手の平をぺったりと仙骨周辺に密着。穏やかなリズムで揺らします。リンパのめぐりが滞りやすい場所なので、気持ちよければ何度でも刺激して。

263【性欲増進のツボを刺激す】

「横骨《よこぼね》」と「大赫《だいかく》」と呼ばれるツボを刺激すると、男性ホルモンの分泌量が増して性欲増進に役立つといわれます。どちらもおへそから指4本分ほど下のエリアに位置しているので、下腹部を親指でじんわり刺激してみて。

264【おっぱいストローク】

おっぱいにオイルを塗り、彼の体に密着させて全身で円を描くようにストローク。ペニスを挟むパイずりもいいですが、うつ伏せになった彼の足にまたがって、足の裏をおっぱいでマッサージする“アメンボ”もおすすめ。

265【足の付け根をバイブレーション】

彼をうつ伏せにして、足を閉じた状態にさせます。両手を拝み手の形にして、スッと両足の間にすべり込ませましょう。指先が軽く陰のうに触れるあたりで左右に小刻みに揺らせば、緩やかな快感が彼を襲います。

266【お尻の割れ目を指の腹でタッチ】

お尻は比較的感度が低い部分なので、少々強めに揉みほぐしてOK。ただし、割れ目周辺から尾てい骨にかけては敏感な部分。オイルを伸ばして、割れ目に沿ってゆっくりと摩擦しながら指を往復させれば、性感を高めます。

267【アナルを揉みほぐす】

オイルがたっぷりついた柔らかい指先で、アナルに円を描くようにやさしく揉みほぐします。同時に、陰のうとアナルをつなぐ「会陰《えいん》」という部分をやさしくこすれば、彼の下半身に脱力するような快感が訪れるでしょう。

268【ペニスをスクリュータッチ】

ペニスを握るとき、親指と人差し指をペニスの付け根に、小指を亀頭側にして、普段とは逆方向に握ってください。そのままやさしくねじり込むように回転させながら摩擦すると、上下左右の立体的な刺激に、彼は悶えて喜ぶはず。

269【陰のうの部分を引き伸ばす】

陰のうは、まず、全体を包み込みながらゆっくり揉みます。ほぐれてきたら手前に軽く引き伸ばし、コリをほぐすイメージで親指で丹念にマッサージを。たまにペニスの裏スジも刺激してあげると、彼もうっとりするはず。

270【彼だけのセラピストになる】

ここに紹介したのはマッサージのごく一部。回数を重ねるうちに、お互いにとってベストな手法を見いだせるはずです。あなたしか知りえない彼のツボを発見し、彼が手放せないと感じるようなセラピストを目指しましょう。

column
3

手と手を合わせるだけでイケる!?
未来のセックスってこうなっちゃうの？

社会学者の三橋修さんがいうように、現代人が極度な清潔を求め、体のにおいを嫌い、接触を嫌ってセックスレス傾向になっているとしたら、未来のセックスはもしかしてこんな感じ？　SFカルト映画『バーバレラ』（1967）で描かれる西暦4万年の宇宙のセックスは、錠剤を飲んで1分間手と手を合わせれば“完了”。ヒロインのバーバレラによると「気持ちが乱れず、効率的だし、自尊心を失わないで済む」そうです。でも、とある惑星に漂着していわれるままに“通常の”セックスに挑んでみたらけっこう気持ちよかったというオチ。やっぱり“挿入”は人間にとって大事なのではないでしょうか!?

『バーバレラ』
監督／ロジェ・ヴァディム
出演／ジェーン・フォンダ、
ジョン・フィリップ・ローほか
発売・販売元／パラマウント・ホーム・
エンタテインメント・ジャパン

CHAPTER

5

オーラルセックス

Oral sex

CHAPTER 5

オーラルセックス

生きることに直結した器官で より深くて濃い愛情を確認し合う

口は生きることに直結する器官です。呼吸したり、ものを食べたりすることはいうまでもなく、声を出したり、言葉を発したりすることによって自分の置かれている状況や感情を伝える器官。原始的であると同時に文明的である、人が人であるためにもっとも必要な器官といえるでしょう。

そんな口を使った性行為は、単純に性器を接触させるよりも、さらに深く愛情を確認し合える行為といえるかもしれません。それだけに感情と愛情をたっぷり込めたオーラルセックスは、セックスの満足感を底上げさせますし、逆に愛情のないオーラルセックスは空しさを助長させるでしょう。今回、お話をうかがったオーラルセックスの達人・

ふりむん先生いわく、「オーラルセックスは愛情と敬意に始まり、愛情と敬意に終わる。愛情と敬意を持てない相手とはするべきではない」。これはもちろんセックス自体にもいえることですが、オーラルセックスの場合は必ずしも必要ではない行為だけに、より顕著にその言葉を受け止めなくてはなりません。

強い熱情があれば技術がなくても愛情と敬意は伝わるでしょうが、技術があればより的確に、そして楽しく伝えることができます。音楽の演奏や文章表現と同じですね。ですので、このチャプターではオーラルセックスの、主に技術に関する65の項目を挙げてみました。体の一部だけをあまりにも即物的にとらえることに嫌悪感を示す方もいるかもしれませんが、たとえ肉体の一部だけであっても、それはあなたの愛する人のものです。一部だけであっても、その人全体と同様に愛してあげてみてはいかがでしょうか？

あなたの気持ちを正しく伝えられる技術を習得し、愛する人とのよりよいコミュニケーションにつなげましょう。

オーラルセックス

オーラルセックスとは、唇や舌を使う前戯のことで、セックスにおいて、お互いの興奮を高めるための大切な役割を果たします。柔らかで、ときに力強い舌の感触は、タッチングでは得ることのできない新たな快感を呼び起こすことでしょう。ただし、やみくもに舐めても、上質な快感を与えることはできません。もちろん、性感帯は人それぞれですし、オーラルセックスで初めて分かる性感帯もあるのです。ですから、ときにじらして、ときに大胆に舌を動かしながら、彼にとって、どこが感じるポイントなのかを丁寧に愛情を持って、探っていきましょう。

271【彼の鼓動に耳をすませて】

舐めることに集中しすぎて、彼の気持ちを感じ取れないようでは×。でも、じっと様子をうかがうのはムードが壊れてしまうことも。そんなときは、彼の鼓動に耳をすませてみて。急に鼓動が速くなったら、性感帯にヒットした証拠。

272【熱い吐息をアクセントに】

熱を持った吐息は、興奮を高めるためのスイッチです。舌を使いながら、ときどきハァっと熱い吐息を織り交ぜてみて。あなたの興奮がより彼に伝わって、興奮の相乗効果が得られるかもしれません。

273【耳元は音を立てて】

耳裏や耳の入り口付近を舐められると、ゾクゾクとしたなんともいえない感覚が全身を駆け巡ります。さらに、音を立てるように意識することで、舌の感覚だけではない聴覚からの刺激で、力が抜けるほどの快感が得られるはず。

274【あごのラインに沿って舐める】

あごの先から骨のラインに沿って、耳たぶ方向へ、ツーっとゆっくり舐め上げます。舌は少し尖らせると、より刺激が強くなって、彼はうっとりとした表情を浮かべるはず。体を密着させながら行うと◎。

275【鎖骨を唇で挟んでスライドさせる】

たっぷりと湿らせた唇で鎖骨を挟み込み、骨に沿ってスライドさせます。鎖骨を唾液でパックするようなイメージで。決して歯は立てず、唇の柔らかな感触のみで愛撫するように心掛けて。体重がかかりすぎないように注意。

276【ちらりと目線を送る】

彼を喜ばせたい一心で愛撫をするあなたの姿は、彼にとってもうれしいもの。でも、ちらりと目線を送ってあげると、あなたの彼を想う気持ちが伝わって、興奮がさらに高まります。上目づかいなら、ドキッとさせる効果も。

277【やさしく乳首を噛む】

乳首をいきなりパクッとくわえるのではなく、まずは乳輪の外側をゆっくり舌でなぞって、じらしましょう。そして、わざと歯を少し見せるようにして、ゆっくりあま噛みを。彼の目を見つめながら行えば、興奮度はマックスに。

278【男性器周辺は最後にとっておく】

耳やあごから、徐々に下半身へ愛撫を移動していくと、彼は男性器への愛撫を期待します。でも、そこはまだおあずけ。一度、男性器周辺に近づいたら、今度は脚のほうを愛撫するなど、男性器は最後のお楽しみにとっておいて。

279【指先は小動物のように舐める】

体の中でも触覚が優れている指先は、小さな刺激でも効果的。ちろちろと舌の先を細やかに動かせば、小動物に舐められているようなこそばゆい快感を得られるはず。少しだけ出した舌を動かす姿に、彼はますますあなたの虜に。

280【体の内側を舌でマッサージ】

二の腕の内側や、わき腹、内ももなど、あまり普段露出しない部分は、少しの刺激でもぞくぞくするほど敏感なポイント。また、リンパ線が通っている場所も多いので、舌でなぞるようにマッサージしてあげましょう。

281【見つめ合いながら指を舐め合う】

指を舐めたり、しゃぶったりするしぐさはフェラチオを連想させ、とてもエロティック。さらに見つめ合って、お互いの指をディープに舐め合えば、彼もあなたもエッチな妄想が爆発。気付けば、我を忘れるほど夢中に。

282【うつ伏せにさせてわき腹を狙う】

わき腹に触れられるとくすぐったがる人も多くいますが、それは敏感な証拠。彼をうつ伏せにさせることで、次はどこを舐められるのかという期待が興奮へとつながります。同時に内ももを撫でても効果的。

283【お腹は円を描くように】

お腹は円を描くように舐めることで、男性器付近に近づいたり遠ざかったり、わき腹に寄り道することもできるので、じらしたいときにぴったり。徐々に円を小さくしておへそまできたら、やさしく舌でおへそのくぼみを突っついて。

284【疲れたらかわいく伝えて】

基本的に舌を動かし続けているオーラルセックスの場合、当然舌が疲れてきます。そんなときは、笑顔で「ちょっと休憩♥」と素直に伝えて。その間、タッチングの愛撫に切り替えれば、あなたの積極的な気持ちを喜んでくれるはず。

285【お互いが楽しい気分のうちに終わる】

オーラルセックスは長く行うほどよいというわけではありませんので、お互いが楽しい気分のうちに次の愛撫や挿入へ移りましょう。長時間の口での愛撫を強いられそうになったら、「私もしてほしいな」などさりげなく避ける策を。

フェラチオ

今回お話を伺ったフェラチオの達人、ふりむん先生によると、一見即物的に見えるフェラチオほど、愛情から始まって愛情で終わる行為はないのだとか。「好きな人のいちばん敏感な器官なのだから、大事に慈しんであげようという感覚で臨むことが大切。逆にそういう気持ちになれない相手とは、やってはいけないのです」。自分にはない器官だからこそ、愛情と関心がないと想像力と思いやりを持てず、お互いがつらい思いをすることになるということでしょう。

監修／ふりむん先生　元・熟女AV女優。これまでに培ったテクニックを生かし、一般女性向けのフェラチオ教室を主宰したことも。そのテクは「口の中に宇宙がある」といわれるほど。

286【喉の調子を整える】

いいフェラチオは健康な体から！ 普段から健康管理に気を配って喉の調子を整えておきましょう。信頼できるパートナーであれば感染症の危険まではないものの、深くまでくわえたときに腫れてしまうことも。

287【アイコンタクトで確認し合う】

相手のいちばん大事なところを舐めるわけですから、まずは「よろしくお願いします」という挨拶代わりにきちんとアイコンタクトを。もっともこれは、セックス全体を通していえることでもあります。

288【勃起していないときは無理にしない】

フェラチオは体に触れたり、キスをしたりして男性が準備OKになったら始めましょう。男性にとって、まだ準備中のものを見られるのは恥ずかしいこと。手などでさりげなく触れて確認するように心掛けて。

289【最初は手で触れてみる】

硬くなったからといって、いきなりパクリでは相手も驚いてしまいます。何しろ体の中でいちばん敏感な器官なのですから。指先で触れたり、ごく軽く握ったりして、少しずつ馴らしていきましょう。

290【まずは敬意を払って……】

準備ができてもまだ焦らないで。すぐにくわえる前に、挨拶代わりのキスをしましょう。根元でも先でも気になったところ、好きなところに「今日はよろしく」という意識で唇を軽くつけるやさしいキスを。

291【舐めるときは外側から】

まずは陰毛の生え際などの周囲から、少しずつ丁寧に舌を進ませていきましょう。外側から真ん中に向かっていく意識で。とくに初めてHする人の場合は、お互いの警戒心を解くためにも性急なのはNGです。

292【舌先を尖らせて湿らせる】

乾いているところをいきなり舐めると、摩擦で舌が皮膚に引っかかりビックリしていまいます。女性の体も同様ですから、想像してみて。そうならないように、尖らせた舌先で、一箇所から少しずつ唾液を伸ばしていきましょう。

293【渦巻き状(放射状)に広げていく】

一点が潤ってきたら、それを起点にもっと広範囲を濡らしていきましょう。渦巻き状（放射線状）に唾液を広げる感覚で舐めているとコツがつかめてきます。ここでしっかり湿らせないと後で痛がるかも……？

294【真綿でくるむように】

全体が潤ってきたら、最初は唇で優しく亀頭だけを包みます。全体をくわえてしまうのは、ここではまだ早すぎ。唇が真綿になったイメージで、壊れ物を扱うかのように。もちろん歯は絶対当たらないよう注意!

295【亀頭に軽く歯を……!】

途中でちょっとしたスパイスとして使う手で、本気でやるのはNG。気持ちいいばかりだとマンネリになってしまうので、遊び心で刺激を与えたい場合に有効。ただし、時と場合を選ばないと嫌われてしまうかも。

296【歯に唇をかける】

唇は歯の「カバー」としても使えます。ちょっと口まわりの筋肉が疲れますが、管楽器を練習するように、歯を口の中に巻き込むようにして唇で包み込むと、硬い感触はあっても痛みは与えません。唇は十分に濡らすこと。

297【カリの部分を舌と唇で刺激する。】

唇だけで、歯を立てずにカリの出っぱった部分を軽く噛んでみましょう。唇をちょっとひっかけるような要領です。濡れていないと痛くなるので、唾液が十分行き渡っているかどうか、必ず事前に確認すること。

298【「点《てん》」:尿道のあたりを突く】

舌の使い方には大きく分けて「点」「線」「面」があります。点は舌先に力を入れ、できるだけ鋭く尖らせて「突く」使い方。狭い範囲をピンポイントで攻められます。尿道のあたりなどをそっと突いてみましょう。

299【「線《せん》」:亀頭の溝や裏筋をなぞる】

「線」の移動は、「点」の状態にした舌で「線」を描くと考えるとわかりやすいでしょう。線は縦でも横でもかまいません。活用法としては、亀頭の溝や裏筋などの敏感なラインを線でゆっくりなぞるのがいいでしょう。

300【「面《めん》」:サオや亀頭】

舌を「面」として使う方法は、3種類の中ではもっとも刺激が少なくなります。広範囲をカバーできる利点からも、亀頭から下のまっすぐな部分や、亀頭の頭頂部などを、平らにした舌で舐めるのがいいでしょう。

301【吸い込みながら】

圧力がかかると、その部分の感覚は敏感になります。思いきり吸い込んだり、平らにした舌を押しつけたりしてみましょう。その上で舌を動かすと、何もせずに動かすのとは少し違った感覚を与えられます。

302【敏感な部分は多彩に】

敏感な部分の攻めのバリエーションを増やしてみましょう。たとえばもっとも敏感な尿道口ですが、亀頭全体を吸い込みながら、「点」にした舌先で刺激したり、舌の腹の真ん中あたりで押さえたりするのもよいでしょう。

303【「点」を移動させる】

もっとも刺激の強い「点」ですが、一箇所だけを刺激しているよりも、いろんな箇所を突いて移動させるほうが圧倒的にお互いが楽しめます。次はここ、その次はあそこと、いろんなところを刺激してみましょう。

304【唇で包んでから……】

口の中は大きく広げながらも、唇だけを締めてくわえます。ふわりと広がった口の中で舌があちらこちらに動くと、普通に舐められるのとはまた違った感覚を味わえるはず。唇はリップクリームなどでしっかり保湿しておいて。

305【感触を自分でチェック】

口蓋《こうがい》（口腔の上壁）や顎の上、歯の裏など、口の中には硬く、複雑な形をしている部分が少なくありません。自分の指で触れてみたり、舌先で舐めたり突いてみたりして、どんな感触なのかチェックしておきましょう。

306【常に舌を動かす練習を】

舌はいつでも繊細に、かつ力強く動かせるようにしておきたいもの。おすすめの練習法は、口の中を空洞にして、舌でひらがな一文字を書いてみること。連続した点や、さまざまな方向の線の動きを素早く繰り返すのもおすすめです。

307【気道を開けたり締めたり】

喉の奥まで入れてみたい！という場合は、声帯や気道の開き具合を自分でコントロールできるようにしておくと便利。本来は自分の意思で動かせませんが、顔の角度や呼吸の仕方で、ある程度は自分で調整可能。

308【喉の奥を締める】

上級者向けテクニックですが、深くまでくわえこんだペニスを喉の奥にある口蓋垂《こうがいすい》で締めつけます。鏡を見て口を大きく開き、いろんな発声や呼吸をして、穴の形がどう変わるかチェックしながら練習してみましょう。

309【口の中の気持ちいいポイントに当てる】

彼の快楽ももちろん大事ですが、自分が気持ちいいと思うことも同じぐらい大事。口の中で自分が気持ちいいと思える場所を探して、そこに当ててみて。その日の体調や気分によって、変わることもありますよ。

310【口蓋に亀頭をあててみる】

口蓋のデコボコした感触は、独特の気持ちよさを与えます。あまり強く当てすぎない程度にこすりつけてみて。同時に舌を巻きつけたり、「点」にしてサオの部分を突いてみたりするのもいいでしょう。歯が食い込まないよう注意。

311【表情も大事】

シックスナインの体勢ではない限り、フェラチオの最中は男性が女性をじっと観察できる状態。ですから、フェラチオのときは表情にも気を配りたいもの。うっとりした顔をするのもいいし、苦しそうな顔も燃えるかも!?

312【裏筋は全体を十分濡らしてから】

裏筋の部分を舌で舐め上げたり、逆に亀頭から根元まで舐めたり、長い往復運動をしてみましょう。ペニス全体を唾液で濡らしてから舐めると舌の動きがスムーズになり、男性の快感もアップします。

313【唇でつまむ、引っ張る】

唇をちょっと突き出して、ペニスのいろんな部分をつまんだり、引っぱってみたりしましょう。唇だけなら力もかからず、男性が痛がることもありません。裏筋やカリの部分をつつくように行うのがいいでしょう。

314【そっと手で触れてみて】

全体が湿ったら、手で触れてみても大丈夫。滑りがよくなるので、強すぎる刺激にはなりません。逆に濡れていない場合は、触れたとしてもこすらないようにしましょう。手を動かすのは基本的に濡れてから、と考えて。

315【反応があった部分を覚えておく】

ここまでで大体の部分には触れているはずですが、その間に特別に反応があった部分を覚えているようにしましょう。そこが彼の敏感なポイント。お腹や腰に手を当てていると、彼が感じて力が入るのがわかるはず。

316【特上の動きは最後まで封印】

敏感なポイントを舐め続けていると、彼がイってしまうこともあります。口でイカせたい場合は別ですが、そうでない場合は一旦お休みするか、舐め方を変えてみましょう。ペニスがいきなり硬くなったら要注意です。

317【口全体でストローク】

全体が濡れ、気分も盛り上がってきたら、「これぞフェラチオ」という口全体でのストロークへ。注意したいのは、絶対に歯を立てないこと。上の歯には唇を、下の歯には舌をかけてカバーして。犬歯はとくに注意。

318【舌の「下」も使える】

舌の上だけでなく、舌の下も使えます。下顎との間に亀頭をすっぽり包むイメージで。その状態で舌を左右に動かすようにすると、普通に舐めているときとはまた違う感触になり、飽きを感じずに済むでしょう。

319【ハーモニカを吹くように】

ハーモニカを吹くような形で、横からペニスをくわえてみて。亀頭に沿って唇や舌を動かすのもよし、唇は横に動いているのに舌は縦に動くという変化球を楽しむのもよし。異なる動きで微妙なリズムが生まれます。

320【体勢に気を付ける】

舐めているときの体勢やポーズにも気を使ってみましょう。正面だと相手から遠くなり、男性からの愛撫が難しくなりますが、横側からだと男性も腕を伸ばしやすくなります。二人にとってちょうどいい体勢を探してみて。

321【刺激的な体勢で】

ただ舐めるだけでなく、視覚的な効果も考えてポーズをつくってみましょう。たとえば女性器が男性の目の前に来るシックスナインの体勢などは男性側の興奮もぐっと高まるので、より充実したものになるはず。

322【たまにはラクをする!?】

ずっと一生懸命舐め続けていては疲れてしまいます。たまにはこっそりラクをしましょう。舌先を尿道に少しだけ入れて、それをつっかえ棒にする感覚で口を上下させると、力をあまりかけずに済みます。

323【「たるみ」を攻めて】

ペニスの皮のたるんでいるところは意外と「遊べる」もの。唇でひっぱってみたり、十分に濡れている状態なら軽く指でひっぱってみたりするのもいいかもしれません。ただし力の入れすぎや、ひっぱりすぎは厳禁です。

324【睾丸はひとつずつ、ゆっくりと】

大きさにもよりますが、睾丸は基本的にはひとつずつ口に入れて、ゆっくりと出し入れします。口の中で転がしてみるのもいいでしょう。硬い人や小さい人は「面」にした舌でじっくり舐めて上げましょう。

325【睾丸の皮を刺激する】

睾丸は皮の部分でも強い性感を与えることができます。唇で軽くつまんで軽く引っぱったり、指で撫でてみたりするのがいいでしょう。ペニスほどではないですが敏感な部分ですので、刺激はほどほどに。

326【柔らかくなってしまったら】

長い時間フェラチオを続けていると、途中で柔らかくなってしまうことも。それでもまだ続けたいと双方が思う場合は、手で軽く根元を抑えて、立っているときと同じ状態にして舐めていると、次第に硬さが戻ってきます。

327【握り方のコツ】

握り方にもちょっとしたコツがあります。手で握りこむのではなく、指と指で挟むようにしてみましょう。開いている指で睾丸や亀頭に触れることができるほか、ペニスが大きく見える効果もあります。

328【口でイカせたい場合は】

口でイカせたいという場合は、単調な動きに終始するのがコツです。男性はあまり複雑な動きにすると、逆に集中できません。口を輪のような形にし、亀頭の部分をひたすら単調に上下のストロークで攻めてみましょう。

329【カリも同時に刺激する】

口でイカせたい場合は、328のやり方と同時に、手でカリも刺激してみましょう。指をかけて軽くこすります。こちらもバリエーションを増やそうとせず、とにかくひたすら「単調に」、を心掛けて。

330【イラマチオ】

イラマチオとは男性が無理やり女性にペニスをくわえさせること。もちろん歓迎できる行為ではありませんが、「ごっこ」でやる分には興奮するかも!? 顔をゆがめて視覚的な効果を出すのもアリかもしれません。

331【「奥」を探してみる】

308の応用であり、さらに上級テクニックですが、喉を締めた状態でストロークも続けていると、独特の刺激で男性が射精に至ることも。息が詰まる危険もあるので、くれぐれも無理・無茶はしないよう……。

332【絞り出す】

男性が射精に至ったときには、精子は何度かに分かれて出てきます。絞り出したいときは、裏筋の根元の膨らんでいる部分を唇の先でつまんで、弱めにしごいてみましょう。触れるだけでビクビクしているのがわかるはず。

333【終わるまでくわえる】

精子がすべて出尽くすまで、大体8秒から10秒ほどかかります。それまでくわえ続けて大きさが変わっていくのを楽しむのもアリ。ペニスだけでなく、男性の表情の変化をこっそり観察するのもイイかもしれません。

334【イッた後は要注意！】

射精した直後のペニスはとても、いえ、とてつもなく敏感になっています。少し触れたり、舐めたりするだけで独特の痛みが走るのです。まさにアンタッチャブルな領域となるので、十分注意するように！

335【舐めても気持ちいいペニスを】

オーラルセックスの究極のテクは、自分が舐めていて気持ちよくなれるペニスだけを舐めるということ。気持ちいいと思えない相手には、愛情がありません。それではどんなに絶妙なテクニックも色褪せてしまいます。

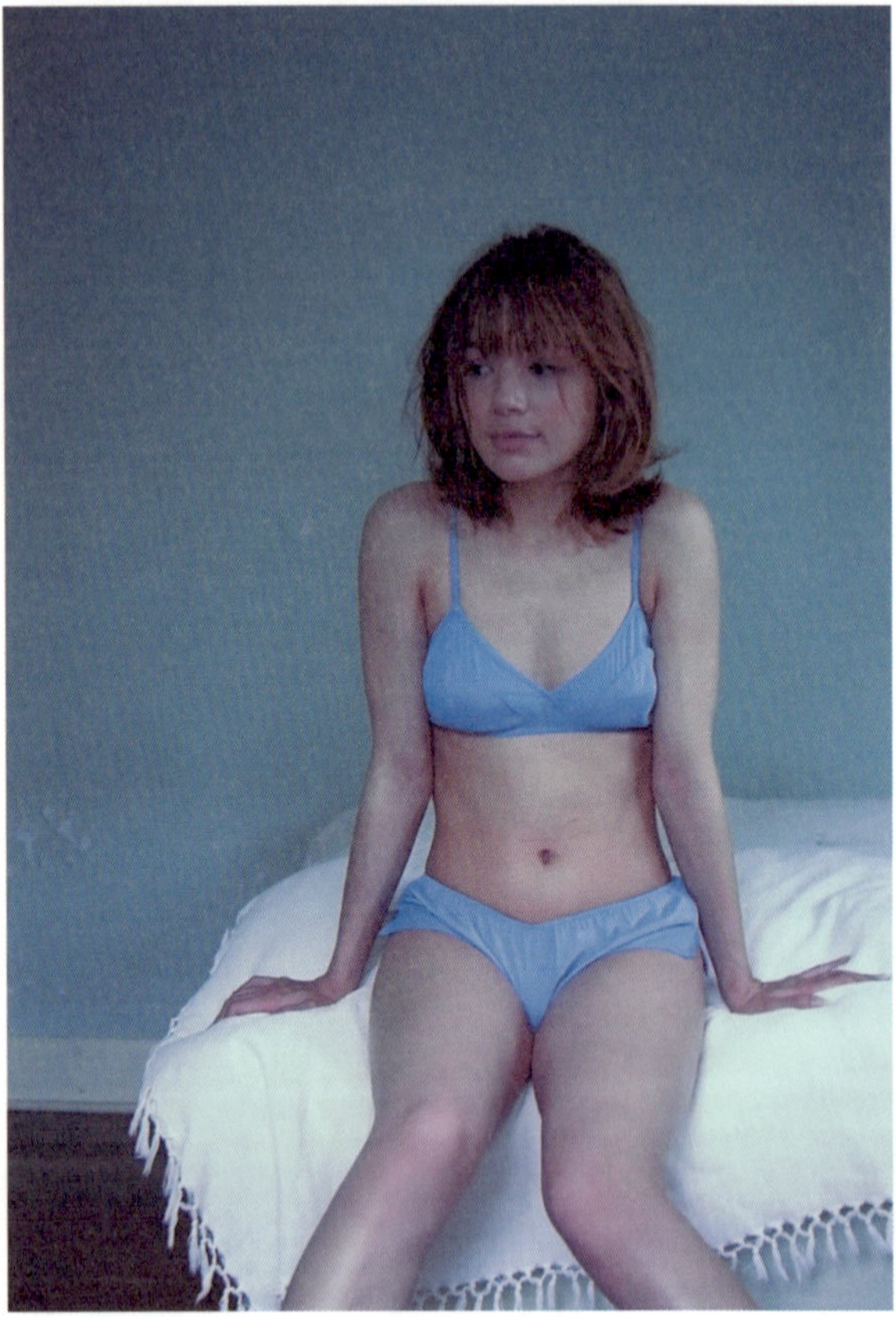

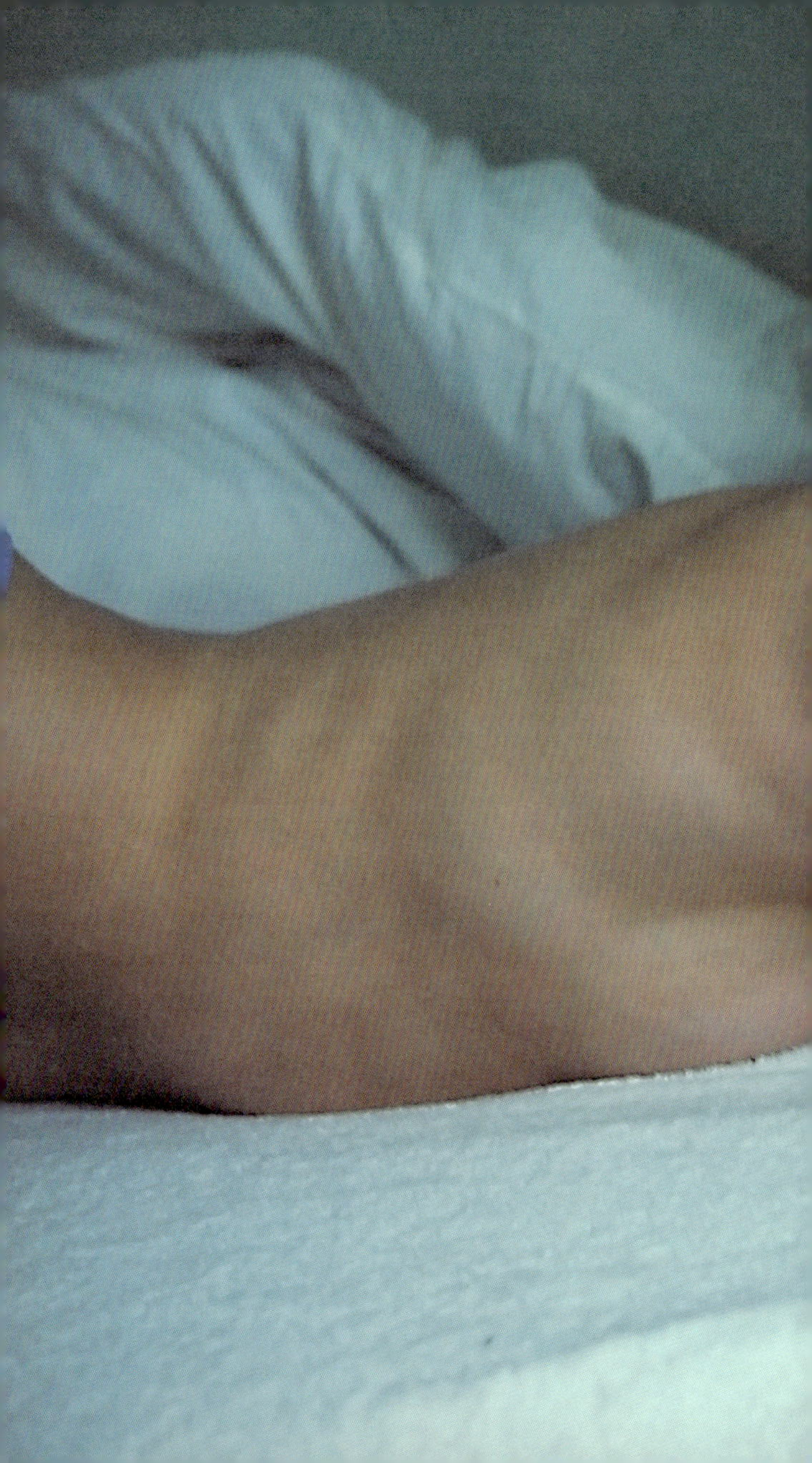

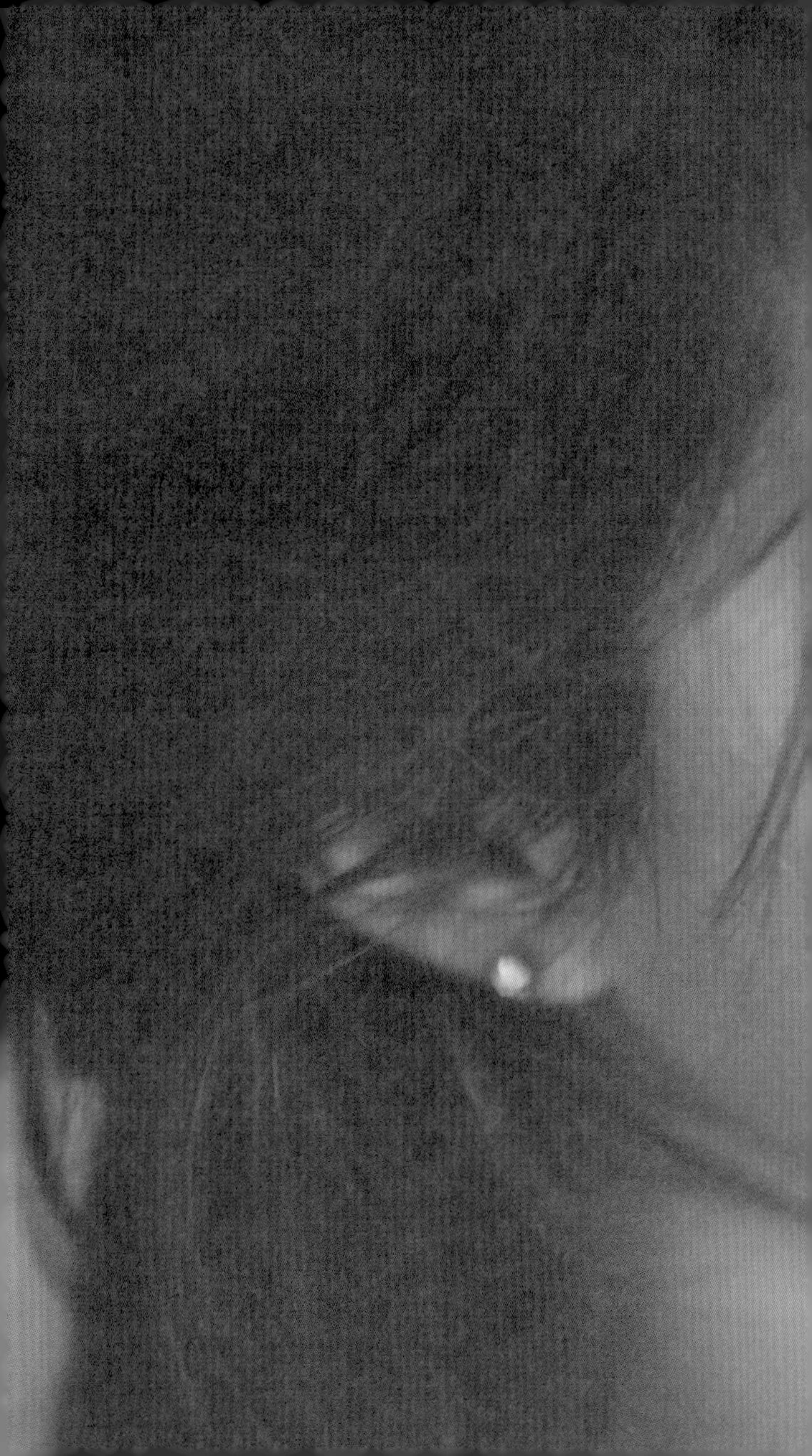

CHAPTER
6

体位

Posture

CHAPTER
6
体位

さまざまな体位を楽しむことで気持ちよく、キレイになれる

ペニスを膣に挿入する行為がセックスであり、本来は子孫を残すことが目的ですが、脳が高度に発達した人間は、そこに本来の目的以外の期待を込めるようになりました。これから紹介するようなさまざまな体位は、それらのために編み出されたものです。体位の発案、研究の起源は世界四大文明のひとつである黄河文明にまでさかのぼるといわれています。男性が陽の気を、女性を陰の気を多く持つと考えていた古代東洋世界では、セックスは単なる子孫繁栄の目的を超え、男女がお互いに足りない気を相手から補充することで健康と若さを保つための行為ともされました。より強力な気を放出し、また受け取るために効率がよいとされる挿入の仕方や姿勢を追求したものが、さまざまな体位

の発明だったのです。かつては皇帝や貴族など、一部の人々にだけ伝承されたものですが、時代が下るにつれて民間にも浸透するようになりました。日本に残る「四十八手」も、起源をさかのぼれば、そういったセックスによる健康術に辿り着きます。

これから挙げるような、あなたが今日からできる、もしくは今までやっていたような体位は、実はそれらと共通するものが非常に多いのです。

よく「オーガズムを体験すると肌ツヤがよくなる」だとか、「満足のいくセックスをすると心も体もキレイになる」といいますし、実感したことのある人も多いはず。そういったセックスで健康になるという理論は、この中国の考え方から来ているようです。そう考えれば、これらの体位はオーガズムを得やすくなり、心身ともに充実するセックスのために古代から連綿と伝えられてきたものだということができるでしょう。でも難しく考えずに、まずは無心になって、どんな体位がもっとも気持ちいいか、楽しいか、刺激的か、試してみてくださいね。そして満たされた時間を味わって、キレイに健康になりましょう。

挿入中の基本テク

「体位」は、ペニスを女性器へ挿入するときの二人の体勢の形をいうことは先述しました。最近は、前儀の方に重きを置く考え方も多いですが、やはり挿入は二人の体が結合しあい、最もパートナーの愛や思いを感じる瞬間です。ここでは、たっぷりとキスや肌の触れ合いで楽しんだ後の挿入のテクニックを紹介します。ここで挙げているものは、ほんの一例ですし、二人の性器の形やバランスによって、気持ちよさや心地よさを覚える部分は違ってきます。言葉でも表情でも読み取れない、心の信号を体だけで感じ合って、二人だけのテクを生み出してみて。

336【コンドームは早めにつけてあげる】

コンドームは女性がつけてあげると喜ぶ男性は多いはず。あなたから積極的に行動に移して。つけるタイミングは勃起した段階がベスト。遅くなるほど、性感染症や妊娠を防ぎづらくなります。つけ方もセックス前に確認を。

337【あえて動かさない】

ペニスが女性器に挿入されたら、すぐに出し入れするのでなく、少しの間だけ、抱き合ったままお互いの温もりを感じるのもテクのひとつ。膣はペニスが入ってくるとパートナーのペニスの形を包み込むように形を変えるのです。

338【じらす】

いわゆる出し入れだけの「ピストン運動」が挿入のすべてではありません。カリだけをひっかける形で入口を刺激し、じらすのも挿入のバリエーションのひとつ。女性側が積極的に行う場合は腰を引いて「じらす」感覚で。

339【乳房を愛撫する】

挿入の最中に、自分で乳房を揉んでみます。女性がすすんで快楽を得ようとする姿は、男性に強い視覚的刺激を与えます。乳首をつまんだり、可能なサイズであれば自分で乳首を舐めたりするのもアリ。

340【体を揺らす】

挿入したとき、ペニスを出し入れするのではなく、逆にペニスを固定して体のほうを揺らしてみましょう。慣れるまではリズムをつかむのが難しいかもしれませんが、いつもとは違う感覚が楽しめます！

341【髪の生え際を撫でる】

髪の生え際は、実は性感帯のひとつです。興奮の度合いによって、くすぐったいという以上の刺激を受けたり、与えたりすることもできます。手でそっと撫でてみたり、軽くキスしたり、さまざまに愛撫してみて。

342【ディープキスする】

挿入の最中に愛情を確かめ合うように見つめ合う、それからディープキスを。彼とつながっているのだということを、下半身以外でも感じられる濃密な瞬間です。舌を大胆に使って、粘膜の熱さを感じ合いましょう。

343【締め加減を変える】

お尻や脚に力を入れると、締め加減が微妙に変わるのをご存知ですか？　同じ脚でも太ももの内側、外側、前面など、場所によって男性が感じる感覚も変わります。いろいろ試してみて、彼を翻弄させてしまいましょう。

344【結合部分に触れてみる】

思いきって手を伸ばして、彼のペニスが膣に入っているところに触れてみましょう。ペニスが脈打ち、膣が開いている感触を指先で感じることで「つながっている」ことをより実感でき、興奮も倍増します。

345【自分から動いてみる】

挿入されたらあとは、彼まかせだと思っているのはナンセンス。それでは本当に気持ちのいいセックスはできません。自分でも体の角度を変えたり、腰を動かしてみたりして、気持ちいいところを探してみて。

346【強く抱きしめる】

一体感をより強く感じるために、挿入されたままで彼の体を強く抱きしめてみましょう。普段とは異なる筋肉の張り具合や汗で、彼の男らしさをより感じることができるでしょう。思いっきり抱きしめれば、愛も深まるはず。

347【普段言えないことをいってみる】

挿入の最中はいい意味で「無礼講」でありたいもの。普段恥ずかしくてなかなかいえないこと、「愛している」「大好き」など、口にしてみるのもいいでしょう。本当は、うっかりいってしまうのがいちばんいいのですが。

348【脚を絡みつけて動かなくさせてみる】

正面から向き合った体位に限りますが、彼の体に脚を絡みつけて動けなくさせます。どこか女の情念の漂うこの体勢は、彼をドキっとさせるに違いありません。ただし彼がイキそうになったときには十分気を付けて！

349【深浅・強弱・緩急を組み合わせる】

常に同じ角度や速さ、深さだけで突いているのではすぐに飽きが来てしまいます。深い、浅い、強い、弱いなどさまざまな突き方を試すように促してみましょう。女性のほうが、体を動かしてみるのもいいでしょう。

350【リズムを意識してみる】

いろんな突き方を試してみたら、今度はリズムにも心を配ってみましょう。心地よいリズムでの前後運動は軽いトランス状態を引き起こすこともあり、セックスの世界にさらに深く入り込めることうけあいです。

351【強く奥まで入れて圧迫する】

彼にできるだけ奥まで突き入れてもらいましょう。自分から腰を押しつけるのでも構いません。内側からぐっとクリトリスを圧迫されることで、膣とクリトリス双方で快感を得ることができます。

352【迎合運動】

彼が突き出すときに自分も腰を押し出し、彼が引くときに自分も腰を引きます。うまくタイミングが合うと摩擦による刺激が大きくなり、より強く激しい快感を得ることができます。呼吸を合わせるのがコツです。

353【回転運動】

彼に挿入したままで、上下左右に腰を動かしてもらいましょう。最初は円を描くイメージで、慣れてきたら腰を使ってひらがなを書く要領で。動きが前後だけよりも複雑になることで、深みのある感覚を味わえます。

354【指でクリトリスを愛撫する】

挿入されている間、自分で指でクリトリスに触れてみましょう。自分がさらに気持ちよくなれるというほかに、何もしないときよりも膣が締まって、相手にもさらに快感を与えることができます。いろんな強弱で試してみて。

355【目を閉じてみる】

視覚は五感の中でもとくに大きな情報を与えます。目を開けていると、どうしても気が散ってしまい、挿入の感覚を心ゆくまで味わえないこともあるでしょう。そんなときは、思いきって目をつぶってみて。

356【乳首を愛撫】

自分の乳首をではなく、相手の乳首を、です。あまり知られていませんが、乳首は男性にとっても性感帯。ですが、なかなか女性には言えないことが多いのです。そっと触れて、つまんだり、こすったりしてあげて。

357【噛む】

いわゆる「あま噛み」で、あまり強く噛んではいけません。首筋や肩、腕になどそっと噛みつくと、ゾクゾクとした何ともいえない刺激になります。場合によって多少強くするのも、普段と違う性感を呼び覚ますかもしれません。

358【体勢や体位を変えてみる】

フェラチオは体に触れたり、キスをしたりして男性が準備OKになったら始めましょう。男性にとって、まだ準備中のものを見られるのは恥ずかしいこと。手などでさりげなく触れて確認するように心掛けて。

359【体を舐める、キスする】

顔が自由に動くような体勢の場合は、首をちょっと傾けて相手の首筋、肩、胸などにキスしたり、軽く舐めてみたりしましょう。もちろん、相手にしてもらうのもいいでしょう。ちょっとしたアクセントになります。

360【鏡などで見る】

鏡で自分たちの姿を見てみましょう。自分たちがどんな恰好や顔で交わっているかを第三者的な視線でとらえるのは、想像以上に興奮するものです。鏡ごしに視線を合わせるのも、どこか淫靡な空気を作ります。

基本の体位

ここでは、基本的な体位を6つ紹介します。P.206から紹介するさまざまな体位も、この基本の体位の変型や、複合型がほとんど。まずは、ここから知っておきましょう。

【正常位】

足を開いて、仰向けに寝た女性の上に、男性が覆いかぶさり、挿入する体位。お互いの顔が確認でき、挿入中のキスもしやすいため、愛情を確認し合える形。そのため、もっともベーシックな形ながら、人気の高い体位ともいえます。

【騎乗位】

仰向けになった男性の上に、女性がまたがるようにのる体位。男性は動きづらい体勢のため、女性がリードして積極的に動くことができます。男性は女性の表情や、しなやかな体を下から見上げる形で愛でることができるので、興奮度が高まるはず。

【後背位】

バックとも呼ばれ、四つんばいになった女性の腰を男性が支えるように挿入する形です。深い挿入感から、男女ともに好む人が多い体位。また、男性は征服感も味わうことができます。

【座位】

正常位や騎乗位から体を起こした状態で、座った男性の上に女性が乗っかった体位です。女性は男性に抱っこされた形になるので、密着度が高く、安心感からの快感を得ることができます。

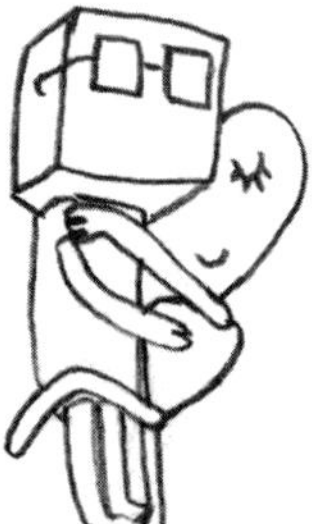

【立位】

その名のとおり、男女ともに立ったまま挿入する体位です。この場合、男女の身長差によって、挿入のしやすさが変わってくるので、階段などで女性が一段分上がるなどのひと工夫が必要。

【側位】

お互いが横向きに寝ている状態での挿入。向き合った状態の対面側位、女性の後ろから挿入する後側位があります。激しく動くことはできず、つなぎとして活用する人が多いようです。

体位

「今日は彼を攻めたい気分」「今日は受け身になってかわいがってもらいたいな」……気分によって、セックスの楽しみ方も変わってくるもの。また、セックスはいつも同じ部屋や同じベッドでするとは限りません。でも、体位のバリエーションをたくさん知っていれば、そのときどきの気分や環境に合わせたセックスを存分に堪能することができます。「恥ずかしくてできない！」というものもあるかもしれませんが、思いきって試してみれば、新たな官能の世界が広がるかも。

※正常位や側位などのアイコンは、その体位に近い体位ということを表しています。

正常位

361【正常位の基本】

もっともベーシックともいえる正常位は、女性が仰向けになって脚を開き、男性がその間に脚を閉じて割って入る形で挿入する方法です。お互いの顔を確認できるので、愛情と信頼感を高めることができます。

※この体位は四十八手の「とんぼつり」に近い体位です。

正常位

362【正常位の応用】

慣れてきたら少し大胆なポーズにもチャレンジしてみましょう。女性は仰向けになって体育座りの姿勢、男はその上から挿入します。いわゆる「まんぐり返し」で、より深くまで突きこむことができる体位です。

側位

363【横向きで脚を掛けて】

向かい合う形で横向きに寝ます。男性が脚を伸ばすのに対し、女性は片方の脚を男性の腰のあたりにのせましょう。男性はその際に持ち上げるのを手伝ってあげると、男女ともに楽な姿勢をとることができます。

正常位

364【女性が脚を伸ばしたまま】

少し挿入しにくいかもしれませんが、女性が脚を伸ばしたままでも正常位は行えます。男性は仰向けになった女性の上にまたがって。脚を閉じていることで、開いた状態よりも強くペニスを締めつけられます。

正常位

365【両足を持ち上げる】

女性は仰向けになって、男性に両脚を持ち上げてもらいます。対して男性は左膝を立て、右膝は下につけた状態で、女性の股間に割りこみます。女性の脚を抱えこんで挿入するような体勢になります。

後背位

366【後背位の変形】

女性側は測位、男性側は正常位の姿勢という変わった体位です。横向きに寝た女性の上の脚を、立ち膝をした男性の立てていないほうの脚に掛け、男性は後ろから覆いかぶさるようにして挿入します。

※この体位は四十八手の「つばめ返し」に近い体位です。

騎乗位

367【騎乗位の基本形】

仰向けになって脚を伸ばした男性の上に、女性が前を向いてまたがります。挿入のペースや角度、深さなどは女性の思うままに調整することができます。男性の両手が自由になるので、乳房やお尻を愛撫することもできます。

騎乗位

368【後ろ向きでより自由に】

仰向けになって両足を伸ばした男性の上に、女性が背を向けてまたがります。女性が上体の角度を変えたり、腰を浮かせたりすることで挿入角度や深さが変わるので、さまざまな種類の刺激を楽しむことができます。

正常位

369【男性が脚で締めつけながら】

女性は脚を閉じたまま、膝を立てます。男性は女性の腰を抱え、開いた両足で女性の太腿の外側を締めつけながら挿入します。女性の脚が閉じているのでどうしても挿入は浅めになりますが、アクセントに取り入れてはいかが。

立位

370【立位の基本】

向かい合って立った状態で、女性が片足を上げ、男性がその間に割って入り、挿入します。かなり不安定な体勢ですので、女性が柱や壁に寄り掛かるようにしましょう。男性はぐっと腰を落とすと、挿入しやすくなります。

正常位

371【ベッドの高さを利用】

女性はベッドの上に腰から上をのせて横たわり、男性はベッドの下で腰を落とし、女性の両脚を持ち上げて挿入します。男性が高さを調節・維持するのが大変な体位で、長時間続けるのは難しいかもしれません。

※この体位は中国の房中術では「海鷗跳」という名前です。

正常位

372【肩車の変則】

仰向けになった女性の両脚を男性が高く持ち上げ、肩にまでのせて挿入します。挿入の角度が垂直に近くなるので奥深くまで突き入れられますが、その分、女性の腰に負担がかかるので、腰の悪い人は注意して！

※この体位は中国の房中術では「野馬躍」という名前です。

正常位

373【体を縮める】

しゃがんだ男性が、仰向けになった女性の首を抱え、上半身を起こします。さらに脚を持ち上げて、挿入します。女性は体をぐっと縮め、男性はそれを維持するような形に。奥まで入りますが、長時間はつらいかも。

正常位

374【片足だけ肩にのせて】

371の変形で、仰向けの女性の脚を片足だけ男性が肩で抱えます。膣が大きく開くので締まりは多少悪くなりますが、奥にまで届くのは同様なので、371の体位ではつらいという人にはこちらがおすすめです。

後背位
375【もっとも基本的なバック】
四つんばいの姿勢になった女性の後ろに男性がひざまずき、女性の腰を抱えて挿入します。もっとも一般的なバック（後背位）の姿勢ということができるでしょう。肛門を軽く刺激してもらってもいいかもしれません。

後背位
376【寝バック】
脚を伸ばして開き、うつ伏せになった女性の後ろから男性がかぶさって首や肩を抱きます。女性の自由度は低いですが、男性は後ろから乳房や腰、お尻、クリトリスなどを自在に愛撫することができます。体重差の少ない方が◎。

後背位
377【女性の上半身の角度がキモ】
男性はあぐらか正座をして、女性は同じ方向を向いてその上にまたがります。女性の頭が自身の足につくほどに上体を前に倒すと、ペニスと膣の角度が大きくなり、抜けやすくなる反面、摩擦の刺激がよりアップ。

正常位
378【両腕に脚を掛ける】
371の場合は男性が女性の脚を肩に掛けましたが、こちらは男性の二の腕あたりに掛けます。男性は手で女性の腰を抱えて挿入。女性は楽ですが、男性は腕で女性のほぼ全体重を支えるので体力に自信のある人向きの体位です。

座位
379【座位の基本形】
男性は正座かあぐら座りをし、女性はその上に脚を開いてのって男性に抱きつきます。男性は一方の手を床について、自分の体を支えましょう。さらに、もう片方の手で女性の腰を抱えると安定します。密着度の高い体位です。

複合型

380【攻守交代】

最初は男性が仰向けになり、脚を伸ばした男性の上に、女性が向い合わせにのって挿入。そのままの体勢で転がり、今度は女性が仰向けに。男性は正常位か、さらに女性を転がし、後ろから攻めます。主導権が途中で変わる体位。

※この体位は中国の房中術では「猫鼠同穴」という名前です。

後背位

381【小柄な女性と大柄な男性向き】

女性は立った状態から前屈して、膝やもも、柱や壁などに手をついて上半身を支えます。男性はその後ろから女性の腰を引き寄せて挿入します。女性は小柄で、男性は大柄なほうがピタリとはまる体位です。

複合型

382【シックスナインからの変形体位】

男性上位のシックスナインの体勢から、男性が徐々に女性の脚側に移動していきます。股間と股間が擦り合う位置にまで下がったらそのまま挿入します。そもそもの挿入角度が逆向きなので、難易度はかなり高めです。

後背位

383【曲線美が際立つ後背位】

うつ伏せになった女性が、お尻だけ高めに上げます。男性はその後ろから挿入。女性がお尻を高く上げれば上げるほど、男性が挿入しやすくなります。女性の肉体の曲線を美しく見せるポーズでもあります。

正常位

384【閉じた足を持ち上げる正常位】

仰向けの女性の脚を男性がかつぎますが、このとき、脚は開きません。366の、閉脚バージョンだと考えればいいでしょう。膝の位置を徐々に上げていけば、お尻、背中と上がっていき、より深くまで挿入できます。

正常位

385【女性が動く正常位】

男性はあぐらか正座をして、女性は同じ方向を向いてその上にまたがります。女性の頭が自身の足につくほどに上体を前に倒すと、ペニスと膣の角度が大きくなり、抜けやすくなる反面、摩擦の刺激がよりアップします。

側位

386【男性上位の側位】

向かい合って横向きになった男女の男性のほうが、女性の腰や太ももに脚を掛けます。女性が少し足を開いて、挿入します。男性が本気で体重を掛けると、女性にとってはつらいので、そこはうまく調整してもらいましょう。

複合型

387【側位と後背位の複合】

女性が上半身は横向き、下半身は床向きにします。走るような恰好になるように片足を上げて、男性が後ろから挿入します。腰をひねることにより、挿入した際の締まり具合に変化をつけることができます。

正常位

388【体の柔らかい女性向け正常位】

女性は正座のまま後ろに倒れ、脚を開きます。男性はごく普通の姿勢での挿入。体の硬い女性には難しいかもしれませんが、筋が伸びることで締まり具合にも変化が出てくるかも。試してみる価値はあります。

正常位

389【腰を完全に持ち上げる】

正常位の姿勢から男性が女性の腰を抱え上げ、完全に持ち上げてしまいます。女性は背中が大きく反る形になります。男性は正座の恰好になり、腰を高い位置でキープして挿入するとやりやすいでしょう。

※この体位は四十八手の「つり橋」に近い体位です。

正常位

390【SM型正常位】

姿勢自体は普通の正常位ですが、曲げている女性の脚を縛ってしまうという、ちょっとSMチックな体位です。太腿と足首を拘束します。実は女性の脚は開閉自体は自由なのですが、男性の支配感は十分あります。

前戯

391【性器を愛撫しあう】

男性と女性がお互いの性器を顔の直前にさらして、口で愛撫し合う体位をシックスナインといいます。数字の「69」を男女の体位に見立てているわけですね。男女どちらが上位になっても、お互いが楽しめる体位です。

前戯

392【性器を愛撫してもらう】

男性が女性の性器を口で愛撫するのがクンニリングスです。女性の腰の下に枕などを置いて腰を上げると開脚しやすくなり、刺激もより大きくなります。愛撫しやすくするためにもアンダーヘアのお手入れにも気を配りたいところ。

後背位

393【場所をとらない後背位】

こたつに入ったままで挿入するのを想定した、ユニークな体位です。脚を伸ばして座った男性の上に、同じく脚を伸ばした女性が座る形で挿入します。椅子を用いてもできるので、車で行いたい場合にもおすすめです。

複合型

394【太腿をぐっと引き寄せて】

横向きになった女性が上の脚を高く上げます。男性はその太腿にしがみつきながら、挿入します。脚を引き寄せることにより、より深くまで挿入することができるので、一体感も強く感じられるはず。

※この体位は四十八手の「松葉くずし」に近い体位です。

後背位

395【体育会系後背位】

女性は腕立て伏せのような体勢で、両手を立てて体を支えます。男性はその後ろから女性の脚を持ち上げて挿入。女性側の自由度が低く、かなりの負担がかかる体位なので、疲れてきたら素直に伝えましょう。

複合型

396【向きを変える騎乗位】

騎乗位の体勢で、ペニスを挿入したまま女性が男性に背を向けたり、横を向いたり、位置を変える体位です。体の向きによってペニスが膣内に当たる場所が変わり、それによって感覚や快感が変わることを楽しんで。

※この体位は四十八手の
「御所車(別名:ナイアガラの滝落とし)」に
近い体位です。

前戯

397【ときにはちょっと大胆に】

女性が男性の顔の上にまたがる形のクンニリングスもあります。体重がかからないよう、太腿で体を支えましょう。でも、ときには軽く圧迫することがあってもいいかも。お尻の感触が好きという男性は多いはず。

複合型

398【394の男女逆転型】

394の、男女の位置が逆になったもの。394と少し違うのは、男性が完全に仰向けになること。女性は、男性の脚にしがみつくような形になります。密着感が増すことで男女ともに快感がより高まる点は同様です。

後背位

399【牡丹の開花に見立てた後背位】

381の、女性が上半身を倒さず、脚を大きく開いた体位です。まるで花弁が大きく開いたような華麗さとやらしさがあり、鏡で見ながら行なうとより興奮が高まるでしょう。男性も後ろから自由に手を動かせます。

立位

400【男性の筋力が試される】

男性が立ったまま、女性の体を完全に持ち上げて挿入します。正常位の形がそのまま90度回転したような、いわゆる「駅弁」という体位です。男性側にかなりの筋力が必要です。女性も小柄なほうがいいでしょう。

正常位

401【脚を男性の腰の上に】

最初はごく普通の正常位の姿勢で挿入した後、女性が片足を伸ばし、もう片方の脚は曲げて男性の腰や太腿の上にのせます。途中でのせる脚を変えたり、曲げる角度を調整したりすると締まり方も変化します。

騎乗位

402【ユニークな騎乗位】

男性は仰向けになり、脚を上に伸ばして大きく広げます。女性はその上で、背を向けて椅子に腰かけるような形で腰を下ろします。少し滑稽なポーズですが、女性側で深さを調節でき、奥まで挿入することも可能。

騎乗位

403【男性が角度を調整する騎乗位】

372の、男性が上半身を起き上がらせた体勢です。女性だけでなく、男性が上半身の角度を調節することで、さらにいろんなバリエーションの挿入感覚を楽しむことができるでしょう。男性は壁などに寄り掛かって。

後背位

404【バランス感覚が大切】

仰向けになった男性の上に、これもまた仰向けになった女性が乗って、背後から挿入します。安定が悪い上、男女とも挿入部分を確認できないので、難易度は高いかも。バランスを取ろうとする際に膣が締まります。

騎乗位

405【騎乗位のまま倒れこむ】

騎乗位の体勢のまま、女性が前に倒れ込みます。完全に倒れなくても、上体を傾けて両手を床につくだけでもOK。女性側が腰を、男性側が両手を自由に使える点は通常の騎乗位と変わりありませんが、口での愛撫もしやすい体位。

複合型

406【夢のお姫様だっこ】

男性は女性をいわゆる「お姫さまだっこ」の形で抱いて座り、そのまま腰に落として挿入します。ペニスと膣の向きが交差するので入れにくく、外れやすい体勢になりますが、ロマンチックな気分にひたれるかも?

※この体位は四十八手の
「虹の架け橋」に近い体位です。

後背位

407【後背座位の変形】

正座、もしくはあぐらをかいた男性の上に女性が背を向けて座ります。男性は腕を女性の脇の下から回し、女性の腕を掴みます。女性は男性に掴まれた腕に体重を掛けて胸を前に張り、お尻を後ろに突き出します。

後背位

408【あぐらの姿勢を応用】

女性があぐらをかいた姿勢で、前に倒れます。男性はその背後にのしかかるようにして挿入。一見色気のない体勢ですが、女性の脚が曲げられた形で固定されるところに、何ともいえない被虐感・加虐感が生じます。

後背位

409【女性ががんばる体位】

脚を伸ばし、手のひらを下について座った男性の上に女性が背を向けて座り、片膝をつくなどして踏んばって、回ったり上下したりなど自分で腰を使います。男性はまったく動かないので楽ですが、女性は大変！

側位

410【正常位がそのまま横に】

365の正常位や400の「駅弁」がそのまま横に倒れ込んだ姿勢で、横向きになって脚を開いて女性の間に脚を閉じた男性が入ります。男性が注意しないと、全体重が女性の片脚にかかることになりますので注意。

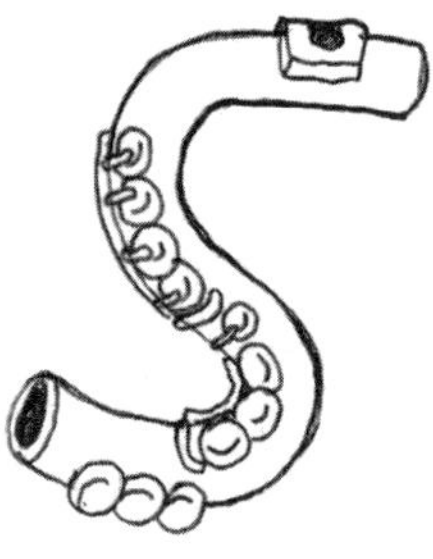

※この体位は四十八手の「横笛」に近い体位です。

行為後のテク

411【髪を撫でる】

そっとお互いの髪を撫で合ってみましょう。髪を撫でる行為には、リラックス効果も含まれています。「お疲れ様」「ありがとう」などの感謝の気持ちを込めて、手のひら全体を使ってゆっくりと撫でましょう。

412【体を撫でる】

体全体を広範囲にわたって撫でるのもおすすめです。とくに背中や首筋など、普段自分では触れないところをやさしく撫でてあげると、それだけで相手への愛情がより高まります。こちらもじっくり気持ちを込めて行いましょう。

413【抱き合う】

終わった後はすぐに離れず、余韻を楽しむつもりで抱き合ってみましょう。行為の最中とは、違う鼓動の早さや皮膚の感覚などが味わえるはずです。汗ばんだ皮膚と皮膚を重ね合わせる独特の感触もクセになるかも。

414【感想を述べる】

違う性だからこそ、その気がなくてもセックスは独りよがりになりがちなもの。そうならないためにも、終わった後に正直な感想を述べ合ってみましょう。もちろん、相手を傷つけない言葉を選ぶ心づかいを忘れないで。

415【キスする】

キスは前後や最中だけでなく、行為の後にするのもまったりとした余韻を楽しめるもの。お互いをむさぼるような激しいキスではなく、終わった後の時間を満喫できるような、ゆるやかなキスにしましょう。

416【水を飲む、飲ませ合う】

行為の後には喉が渇きます。水分補給をする際に、ただ飲むのではなく、飲ませ合ってみてはどうでしょう？　ペットボトルやコップの水を相手の口に運ぶのでもいいですし、口移しするのも刺激的です。

417【ティッシュで相手の体を拭く】

行為の後は汗や精液、愛液で体が汚れます。シャワーに行く前に一応、ティッシュで体をきれいにしますが、その際に自分で拭いてしまうのでなく、相手の体を拭き合ってみて。余韻や恥ずかしいような幸福感も楽しめるでしょう。

418【柔らかくなった男性器を握ってみる】

柔らかいままの男性器を見られる、触られることを好む男性はあまり多くはありませんが、行為後となれば別。先ほどまでがんばってくれた男性器を慈しむようにそっと握ってあげれば、男性も大満足。

419【お気に入りの音楽を聴く】

行為後の時間を心ゆくまで味わうために、自分や相手の好きな曲をかけてリラックスしましょう。音楽が心理に及ぼす影響は小さくありません。音楽に身をまかせているだけで、相手との距離がまた一歩縮まることも。

420【しばらく裸で過ごしてみる】

セックスが終わった途端、そそくさと服を着てしまっては興ざめ。しばらくは裸で、まだ体に残っている熱に浸ってみましょう。話し合ったり、触れ合ったりしているうちに「もう一回」につながることも。

column
4

見えない、触れないからこそ、
においは生々しい想像をかきたてる

においはとてもあいまいなものだけに、言葉にするのが難しい。セクシュアルなにおいって、いったいどんなにおいといえばいいのでしょう。蒲団に残った女のにおいを書いた田山花袋の『蒲団』、死に際の女のにおいを書いた川端康成の『眠れる美女』など、鋭い感性を持った作家たちの作品を読むと、においの表現はかなり個人的なものと分かります。そして、その表現がさらに読む人それぞれのセクシュアルな想像をかきたてるのがおもしろい。『トモスイ』や『芳香日記』など、現代女性が男性を思うとき、そこに感じるにおいがどれほど生々しいかを実に観念的に表現しているのが高樹のぶ子です。

『トモスイ』
著者：高樹のぶ子
発行：新潮社

CHAPTER
7

フェティッシュと SM

Fetish & SM

信頼と愛情あってこそのSM
わがままや暴力にならないように

極端に即物的ないい方をしてしまうとするならば、セックスは子孫繁栄のための行為であり、さらには、体のごく敏感な一部を刺激することによって快楽を得るための行為だということができます。愛情の確認というのは、少なくともセックスにおいては、その二次的副産物なのだといえるのかもしれません。だからこそ、セックスで満足できない場合に、相手の愛情や二人の結びつきを不安に感じることがあるのです。セックスだけがすべての原因ではないとしても、占める割合は決して小さくはないでしょう。

フェティシズムやSMというのは、その二次的副産物をさらに深く求めるための行為といえます。本来なら必要ない男女の役割の逆転や、特殊な道具や衣装の使用、支配や服従といった倒錯的なシチュエーションをつくりだすことによって、快楽を増大させたり、快楽として考えるには飽きがきてしまったもの、あるいは快楽ですらないものを快楽としてとらえようとするのが、ＳＭなのです。いわば、それまでの価値観を一度崩し、再度つくり直すのです。ここでいう快楽というのは、もちろん精神的な意味も含まれます。一度ハマったら抜け出せないというのは、それまでと快楽に対する考え方が変わってしまうからでしょう。

ですから、どんなに倒錯的・変態的な行為をしたとしても、そこに双方の快楽が発生しなければ、それはフェティシズムでもＳＭでもありません。場合によってはただの暴力であり、単なるわがままや一人よがりとなってしまいます。「ＳＭには信頼関係や愛情が必要」といわれる理由はここにあります。

ここで紹介するテクニックは、ごく初歩的なものですが、一歩間違えれば暴力と化す危険性があるという意味では、さらに極端な行為と何ら変わりません。パートナーと確実に意思を疎通させた上で、あくまでも楽しんで行なうようにしましょう。

フェティッシュ

この項では「SM未満」のことをご紹介します。SとM、どちらにも振り分けられないけれど、そういう雰囲気を醸し出すもの、あるいは二人の気持ち次第でこれからどちらにでも振り分けることができるものです。相手そのものではなく、相手の体や行動、衣装など、ごく一部にとくに強く性欲を感じることをフェティッシュ（フェティシズム）といいますが、この項の大半はまさにそういうフェティッシュな行為。フェティッシュはSMの準備体操のようなものといえるかもしれません。SM初心者の人は、ここからチャレンジしてみましょう。

421【NGワードを作る】

SMでは興奮しすぎると、つい相手のちょっとした反応やノーサインに気付けなくなってしまうもの。そんなとき、雰囲気を壊さずに「どうしてもそれはイヤ」という意志を伝える二人だけのNGワードをつくっておくと便利です。

422【「NO」NGデーをつくる】

絶対に「NO」といってはいけない日をつくります。NOといってはいけないことがいいわけになって、マゾヒズムに目覚めやすくなる場合もあります。どうしても無理な場合だけは、426のNGワードを使いましょう。

423【口紅の跡】

女性の口紅の跡にぞくっとする男性は多いものです。ペットボトルの飲み口などに下品にならない範囲で残しておいたり、相手の体につけて「ほら」と見せてみたり……簡単なテクですが、さまざまな応用ができます。

424【ストッキング】

ストッキングは女性の脚をより魅惑的に、フェティッシュに見せる必殺アイテムです。普通のものでもいいですが、バックシームがついたものや柄の入ったもの、ガータータイプのものなどがよりエロティックです。

425【音楽】

どんな音楽をかけるかはとても大事。好きな音楽をかけていたほうがリラックスできますし、その場が「ホーム」となって、主導権が握りやすいというのもあります。雰囲気に合わせて変えられるようにしてもいいでしょう。

426【咀嚼《そしゃく》したものを口移しし合う】

唾液がたっぷり混じった食べ物というのは、それだけでフェティッシュで倒錯的。それを口移しし合うことで、より二人の絆が深まります。咀嚼したものはレベルが高いという場合は、アメ玉を交換し合うぐらいでも。

427【唾を飲ませ合う】

426の応用です。ディープキスのときはいやでも飲むものですが、そうではなく「飲む」ということを目的にして行なってみましょう。「汚い」という感覚と紙一重のものだからこそ、不思議な興奮があるかも？

428【口をつけたものの貸し借り】

ジュースやちょっとした食べ物、リップクリームなどを貸し借りするのはドキっとするもの。まだそれほど打ち解けていない二人が距離を縮めるのにも使えます。食べていたものを「食べる？」とさりげなく渡すなどしてみて。

429【どちらかだけが裸】

片方が服を着ているのに片方が裸、あるいはきわめて露出度の高い姿というのは、精神的格差を生み出します。とくに何か行動しなくても、この状態を見せつけたり、見せつけられたりするだけでも十分にフェティッシュ。

430【写真を撮る】

エロティックな恥ずかしい姿を写真に収められているという意識が、興奮につながります。残しておくと後々トラブルにならないとも限りませんから、楽しんだ後は本人の見ている前で消してしまうのが無難でしょう。

Sのテクニック

「S」というと、痛めつけることや、ののしることなどとイメージしがちですが、根本は「女性としての魅力を生かして優位に立ち、翻弄すること」にあります。痛めつけるのも、ののしるのも、その手段のひとつでしかありません。ですから、女性がSになる場合は、まず美しくあらねばなりません。女性が男性よりも圧倒的優位に立てる要素のひとつが、美だからです。男性を支配したい、S性を発揮したいという女性は、まずは自分を磨くことを心掛けてください。その上で、きちんとパートナーに対しての愛情を持って行うようにしましょう。

431【足でしごく】

足でペニスを触ったり、しごいたりして被虐感を与えてみましょう。素足もいいですが、マニュキュアがきれいに塗られた足や、ストッキングの光沢に包まれた足だと、とくに興奮するという人も多いようです。

432【ハイヒール】

ハイヒールは女性の美しさを象徴するアイテムのひとつです。履くとお尻がキュッと上がるので、それだけで誘惑できる要素に。ピカピカに磨いたハイヒールで体や性器を撫でたり、慣れてきたらやさしく踏んだりしてみましょう。

433【目隠しする】

視覚は五感の中で人間がもっとも頼りにしがちな感覚です。この感覚をシャットアウトすると、触覚や嗅覚、聴覚などがより敏感になります。手足を拘束して自由を奪うと不安感も高まって、敏感さはさらにアップ。

434【拘束をする】

動けない不安と被虐感が、ひとつひとつの行為に対する感度を倍増させます。まずは手首から試してみましょう。縄など専門的な道具を使う必要はなく、タオルやちょっとしたヒモなどでかまいません。

435【寸止め】

イキたいのにイケない苦しさは、相手を従順にします。手や口、挿入などでイキそうになっているとき、寸前で止めてしまいましょう。拘束をしているとさらに効果的。「何をしてほしいの？」と意地悪っぽく尋ねても◎。

436【ストッキング責め】

ストッキングの生地を亀頭にあて、ローションをたっぷり塗って滑らせると、ただイキそうという感覚に加え、何ともいえないむずがゆさも与えることができます。ガーゼでも同じことができます。

437【下着を口につっこむ】

口答えや悲鳴を抑えこんでしまうための口かせ。アダルトショップでもかわいらしいものを売っていますが、女性の履いていた下着やストッキングを使うと、より淫猥でフェティッシュな責めになります。

438【女性の下着や服を着せる】

柔らかく美しい女性の下着や服に憧れる男性は意外と多いもの。普段の男らしさをはぎ取って、女の子にしちゃいましょう。小さな下着の下で膨らんで、はみ出しそうになっている性器を鏡で見せてあげてもいいかも。

439【スパンキングする】

スパンキングとは平手打ちのこと。最初は少し弱めに、反応を見ながら少しずつ強くしていきましょう。刺激や音が快感となって相手の体に広がっていくのをイメージして。手のひらの、肉の厚い部分を使いましょう。

440【縛る】

長め（5メートルぐらい）の綿ロープが1本あればさまざまな縛りを楽しむことができます。手錠や手かせ、足かせでは実現できない体勢で縛ってみましょう。縛る際のきつさは、指1〜2本が楽々通るぐらいが理想です。

441【見つめる】

ただ、じっと見つめるのも十分サディスティックな行為になります。とくに恥ずかしい姿で拘束されていたり、何か伝えたり答えたりしなくてはいけないような状態で見つめると、相手の精神的な圧迫感はさらに増大します。

442【説明する】

相手の今の状態をいちいち声に出して説明すると、相手はそれを意識せざるを得なくなって、羞恥をより強く感じるようになります。たとえば「すごく硬くなってるよ」「先から何か透明なものが垂れてきてる」など。

443【尋ねる】

447の応用ともいえるテクニック。相手の体の状態をこちらが述べるのではなく、あえて相手に説明させます。わかっていることでもわざわざ声に出して答えさせることで、羞恥心をより煽ることができます。

444【下着を脱いで外出させる】

誰にも気付かれなかったとしても、ノーパンというのは意外と燃えるもの。「こんな人ごみの中でパンツ履いてないのよね」などと、わざと囁くと効果大。もちろん、外からは絶対に見えないように十分注意を払って！

445【リモコンローターをつけさせて外出】

アダルトグッズショップなどで売っている、ワイヤレスタイプのリモコンローターを相手のペニスや睾丸のあたりに仕込んで外出します。相手の快感を牛耳っていると思うと快感に。ただし振動音には注意して。

446【ろうそくを垂らす】

必ずSM用の低温ろうそくを使うこと。部位によって感じる温度が違うので、おしおきに用いるほか、マッサージのように使ってもいいでしょう。自分の手のひらに垂らしてから相手に塗りつけることもできます。

447【つねる】

相手にちょっとしたおしおきを与えたいときに。とくに拘束状態だと効果が高まります。指先に視線が注がれるので、ネイルなどで美しく整えておきましょう。そういった指先でもてあそばれると興奮するという男性もいます。

448【バラむちで打つ】

むちの叩く部分が何条かに分かれているものをバラむちといいます。これは音が派手なものの、実際にはあまり痛みはありませんので、じっくり被虐感を与えるのに向いています。撫でるように打つと快感にもなります。

449【蹴る・踏む】

強く蹴られる、踏まれるのが好きだという人もいますがそれは少数。様子を見ながら、力を加減しましょう。きれいにペディキュアを塗った脚で蹴られる、踏まれるのは、男性側からすれば意外と興奮するものです。

450【前立腺責め】

お尻に手をつっこむ上級テク。ゴム手袋（使い捨てのもの）、ローションは必須です。お尻の奥にあるコリコリした小さな玉のような部分を上手にいじってあげると、独特の快感に骨抜きになってしまう男性が多いです。

451【視線の位置にこだわる】

視線の位置が関係性を決めることもあります。相手を見下す姿勢をとると、主導権を握りやすくなります。女性の場合は男性より背が低い場合がほとんどですから、相手を座らせる、仰向けに寝転ばせるなどの工夫を。

452【ペニスを握る】

硬くなっているものはいうに及ばず、硬くなっていないものを強制的に握るのもアリ。やはりペニスや睾丸を握ると男性はしゅんとします。言葉責めしながら爪の先でじわじわと責めていくのも楽しいかもしれません。

453【エレガントにタバコを吸う】

きれいに塗った口紅でタバコを吸う女性というのはエロティックなもの。煙を吹きかけると、「もてあそんでいる」感を演出できます。ただし、タバコが嫌いな男性も多いので要注意。また、しぐさが下品にならないように。

454【ののしる】

本気を出しすぎてはいけません！　本当にののしると、傷ついたり怒ったりされるので、語尾にハートをつける意識で、あくまでもかわいらしく。勃起や早漏については立ち直れなくなるのでやめましょう。

455【衣装にこだわる】

体のラインをより魅力的にするエナメル、ラバーの衣装や、肌の質感を美しく見せるレースの衣装を選んでみましょう。大胆なデザインのものでも思いきってチャレンジ！　Sが、ためらったり恥ずかしがったりするのはNG。

456【ペニスバンド、ディルド】

ここまで受け入れられるのはごく一部かもしれませんが、ディルド（バイブ）やペニスバンドで男性のお尻を責めてみましょう。衛生のためにコンドームをつけるのを忘れずに。できれば浣腸も事前にしておきましょう。

457【首輪をつける】

首輪をつけることで、相手を「所有している」という感覚を味わうことができます。首輪の鎖やひもを持ったままセックスするのもいいでしょう。相手を制御するつもりで、少し強引に引っぱるのがコツです。

458【乳首攻め】

男でも乳首が感じる人は意外と多いのです。いったん感じ始めると、受動的な欲求が頭をもたげる場合も。爪や指先などから始めて、慣れてきたらアダルトショップに売っているピンチなどでじっくりと開発していきましょう。

459【見せつける】

彼を拘束し、動けなくした状態で裸体や刺激的なポーズを見せつけましょう。触りたいのに触れないような、ぎりぎり感を出すと興奮度アップ。ほどほどのところで少しずつ拘束をほどいて、触れる範囲を広げてあげて。

460【エスコートさせる】

たまにはどーんと奮発して、正装で一流レストランに行ってみましょう。エスコートすることで女性への気配りが身に付きます。ただし、エスコートされるほうもそれなりの教養が必要。事前にきちんと勉強を。

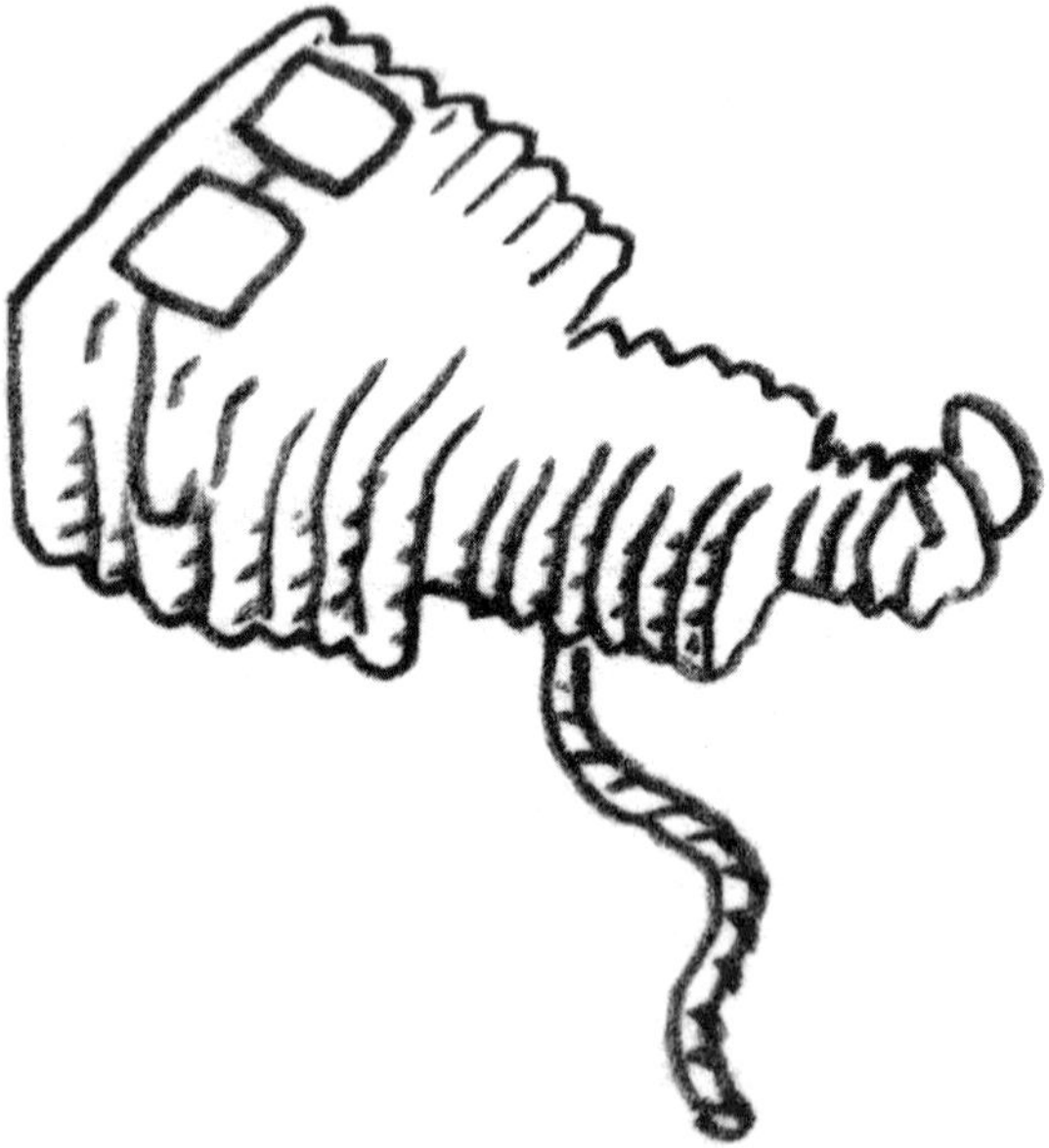

Mのテクニック

少なくとも肉体的な構造においては、女性は受動的な性です。Mというのはその性をさらに実感し、精神的な部分でも楽しむために非常に有意義な行為といえるでしょう。また、自我を放棄し、相手のいいなりになる依存的なひとときを堪能することによって、日常生活で背負わなければならない責任感や主体性といったものから、一時的に解放される感覚を味わうこともできます。心身ともに女性であることを満喫し、日常のしがらみから自由になるひとときを味わってみてください。もちろん、本当に嫌なことを強要されそうなときは、きちんと気持ちを伝えましょう。

461【目隠しをされる】

視覚が遮断されると、そのほかの感覚が敏感になります。触覚、聴覚、嗅覚などをフルに使ってセックスにのめりこみましょう。レースやシルクなど見た目に美しい布を選べば、フェティッシュな雰囲気も生まれます。

462【拘束をされる】

461の視覚もそうですが、体の一部の自由を奪われると、そのほかの部分の感覚がそれまでよりも敏感になります。拘束された上で愛撫や挿入をされるのもクセになるかも。何もされなくても被虐的な雰囲気が。

463【スパンキングされる】

彼に最初は軽く、お尻を叩いてもらいましょう。お尻の肉がふるふると震える様子は視覚的にも男性を興奮させますし、肉厚ですので音の響きも官能的です。手ごたえも独特で、音で女性側もトリップできます。

464【縛られる】

ロープで縛られると一気にSMっぽい空気感が出てきます。きつすぎたりして苦しくなったらすぐに相手に訴えること。腕が動かなくなってしまったり、縄酔いといって陶酔状態になることもあるので注意。

465【下着を脱いで外出する】

女性が下着を脱いで外出する場合はスカートではなく、パンツやデニムを履くようにしましょう。歩きながら彼に今の状態について言葉で責めてもらったり、自分の下半身がどうなっているのか耳打ちしてみるのもいいかも。

466【リモコンローターをつけられて外出】

リモコンローターはアダルトショップなどで売っています。いつやって来るかわからない刺激に、体が余計に敏感になります。さんざん寸止めされたら、家やホテルに着いた時にはもう前戯済の状態になっているはず。

467【ろうそくを垂らされる】

女性の肌に流れるろうは、一種独特な美しさを醸成します。最近はいろんな色が発売されていますが、濃い赤だととくにエロティックに。また、使うにしても使われるにしても、炎の光は女性を妖艶に見せてくれます。

468【バラむちで打たれる】

バラむちは意外と痛くないわりには、大きな音のために「むちで打たれた」という達成感だけは感じられるお得なアイテム。痛めつけられることで心も体も「相手のものになった」という倒錯的な被虐感も得られます。

469【首輪をつけられる】

首輪をつけられることで、より深く支配されていることを感じられます。拘束などと組みあわせ、体の動きを制限された上でどこかに繋ぎおかれたりするとなおいいかもしれません。鎖やひもをひっぱられるのもアリ。

470【口かせ、ボールギャグ】

言葉を言えない、つまり正しく意思表示できないというのは、自由や自主性を剥奪されたのとほぼ同義ですから、被虐感をより高めます。開いた口からよだれが垂れることで、さらなるマゾヒズムに浸ることもできます。

column
5

愛と快楽と結婚。やっぱり、
3つがすべて結びついているのが理想的

『古事記』の頃と『源氏物語』の頃で性愛観が激変して穢れの思想が広まり、男尊女卑思想の反動でウーマンリブが起き、今ではにおいに過敏になるあまり肉体への興味が薄れてしまった。日本の性愛史をものすごくかいつまんでいうとこんな感じ。でも本当は、愛と快楽と結婚をすべて大切にする「まぐはひ」が現代人の理想でしょう。ヨーロッパの性愛の歴史にも共通点はあるようで、つまり性愛はどこでも似たような進化を遂げてきたものなのかもしれません。ちなみにこの本では、初めて恋愛感情を持った人類はクロマニョン人、女性蔑視と束縛の始まりは新石器時代とされてます。そうだったのか!?

『世界で一番美しい 愛の歴史』
著者：J・ル＝ゴフ、A・コルバンほか
翻訳：小倉考誠、後平隆、後平澪子
発行：藤原書店

CHAPTER
8

感じるからだを
つくるために

Training

CHAPTER 8

トレーニング

感じる体をつくるために

セックスも一種のスポーツ。人間の本来あるべきところに筋肉がついていないと、さまざまなスポーツが最大限に楽しめないのはセックスも同じです。また、体の軸ができていないとセックスのとき、ラクな方に体を持っていこうとして体が歪んでしまうことも。だからセックスでたくさん感じたいならば、感度の面から考えても、ある程度筋肉を鍛えておくことは必要なのです。敏感な体とは触られたときにすぐ感じることも大事ですが、使いたい部分をすぐ使えるかどうかがとくに重要。でも、筋肉は、使わないとすぐになまけて鈍感になるので、急に使おうと思ったところで動きません。脳→神経→筋肉という伝達経路を日々繋いでおくために、適度な筋トレを日課にしましょう。

とはいえ、女性にはハードすぎる運動は、合っていません。なぜなら、女性は男性と違って月経があるためです。月経とは、妊娠するための生理現象で、妊娠の可能性のある排卵日後〜月経前にかけて、妊娠キープに備えて体を休めようと働きかけます。その時期を無視してトレーニングを行っても効果がでないどころか、月経リズムを狂わせる可能性も。そこで、月経周期に合った筋肉トレーニングがおすすめです。

また、キャッチーなネーミングで話題の「ちつ☆トレ」や「おっぱい体操」も、感じる体を作るためには知っておきたいこと。これらのトレーニングを行うと、日々、女性らしさを意識できます。女性らしさというのは、優しい・温かい・受容・許し・母性などと表現され、言い換えれば、男性を癒すエネルギーとも言えます。女性らしさに溢れた体で男性を包み込んだとき、これまで強いと思っていた男性の繊細な面を知り、自分の感情が揺さぶられ感度アップも図れるはず。

セックスというスポーツに耐えうる体に、女らしさという魅惑のヴェールをまとわせる体操を加えることで、究極の感じる体ができあがります。

フェロモンアップメソッド

女性ホルモンのサイクルに合わせたトレーニング、〝フェロモンアップメソッド〟を始めましょう。名前を聞くだけで、メリハリのあるセクシーボディになれることは想像がつくはず。具体的には、月経周期に沿って、骨盤をスムーズに動くようにする骨盤調整、エクササイズの効果を上げるストレッチ、筋力アップのエクササイズ、日常ケアを行います。スタートは生理中から。日常的に意識したい10個のメソッドもお伝えしますので、同時に行うようにしてみて下さい。

監修／香取知里先生　SPORTiO代表。財界・著名人のパーソナルトレーナー、健康セミナー講師などを行っている。著書『フェロモンアップ・ダイエット』（メディアファクトリー）

471【姿勢チェック】

横から見たとき、耳たぶ、肩の一番尖った「肩峰《けんぽう》」、気を付けの姿勢で手の平の付け根が当たる「大転子《だいてんし》」、膝、外くるぶしが一直線になるのが正しい姿勢。これをキープできれば、胸もお尻も自然に魅力的なカーブを描き始めます。

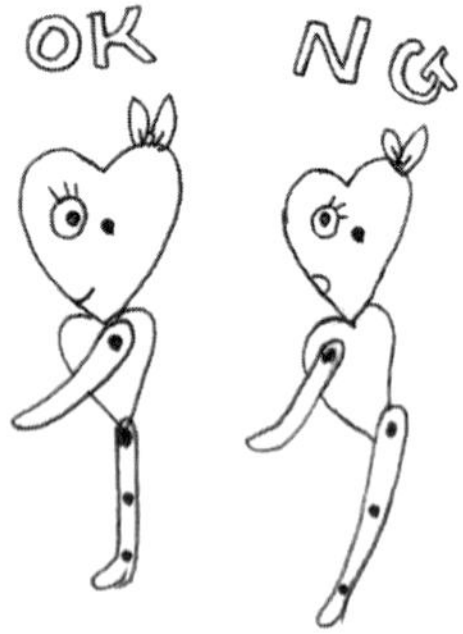

472【正しい姿勢で歩く】

正しい姿勢をチェックしたら、思ったより重心が後ろよりになるのが気になるかもしれませんが、その状態で歩くようにしましょう。きちんとした姿勢で歩くだけで、しっかりお尻の筋肉が使われ、プリっとした魅惑のお尻に。

473【深い呼吸をする】

人は呼吸で酸素を取り入れ生命活動を維持しています。酸素はエネルギーの源ともいえる大事なもので、意識的に深い呼吸をしてきちんと酸素を細胞に届けると、体全体の働きが良くなり“性欲”という本能も活発に。

474【月経周期を整える】

女性の月経周期は25日～38日の間が正常だと言われています。この数値内できちんと月経が来るようにするためには子宮や卵巣を刺激する動きを。仰向けに寝て両膝を立て、両脚を右へ左へとパタンパタンと数回倒してみましょう。

475【脚の長さを調整】

床に座り脚を肩幅くらいに開いて前に伸ばし、軽く脚全体を左右に揺すって脚の長さをチェック。短く感じる方の脚のつま先を天井に向け、息を吐きながら脚の裏で空気を押し出すように伸ばして一気に力を抜く。数回繰り返して。

476【腕の長さを調整する】

正座で両手の平を床につけ、お尻が浮かないように両手を前にスライド。限界で止めて力を抜き、手の位置を動かさずに四つんばいに。自分に近い手に調整が必要。手の平を内側に向け息を吐きつつ前に伸ばしワキ腹をストレッチ。

477【脂肪燃焼をする】

仰向けに寝て手の平を床に向け、お尻の下へ。揃えた脚の膝を軽く曲げて持ち上げます。自転車を漕ぐように、かかとで大きな円を描くようなつもりで交互に脚を伸ばして回します。脚を下ろす時に膝をきっちり伸ばして20回。

478【デート前エクサⅠ】

彼に会う前に行っておくと、ベットタイムに感じやすくなれるのが“デート前エクサ”。2つ紹介するので気分でチョイスして。ひとつめは壁にもたれて行う「空気椅子」。股関節～膣に意識を向けて10秒キープ。

479【デート前エクサⅡ】

壁を背にして股関節が伸びるように脚を広く開いて四つんばいになります。両つま先を外側に向けて脚の裏を壁につけ、カエルのようなポーズになり、脚全体で壁を押すようにして10秒キープし、下半身の筋肉を刺激します。

月経期 月経の終わりかけから（月経開始日から5日目が目安）。

480【デトックス骨盤調整】

骨盤を緩め老廃物を出しやすくします。仰向けになり、手は体に沿わせて手の平を床に。足の裏を合わせて膝を左右に開く。息を吐くときにお尻を10cm程度上げて、吐ききったらストンと落として3回呼吸。必ず1回のみ行います。

481【小尻ストレッチ】

太ももやお尻の外側に体重が乗りやすい時期なのでしっかりほぐしてデカ尻防止。仰向けに寝て左膝を立て、右脚を曲げ足首を左ももに乗せます。両手で左ももを胸に引き寄せるようにして30秒キープ。反対も行います。

482【背中スッキリエクササイズ】

猫背になりやすい時期なので背中を動かしておきましょう。お腹の下に正方形のスペースができるように四つんばいになり、息を吸いながら背中を丸めておへそを押し込むように動きます。息を吐きながら背中を反らせて。×10回。

483【安定したシューズで歩く】

骨盤を繋いでいる筋肉が緩み腰痛などのトラブルが起きやすいとき。ヒールのある靴はやめ、スニーカーなど安定した靴を選びましょう。歩くときはかかとから踏みしめるようにすると、ふくらはぎに効き代謝が高まります。

484【ホットパックケア】

月経痛がある人にとくにおすすめなのが、ジッパー付きのビニール袋に蒸しタオルを入れた“ホットパック”ケア。おへそから指3本分ほど下にある「関元《かんげん》」のツボにホットパックを当てて温めるだけでリセット力が高まります。

485【引き締め骨盤調整】

骨盤が徐々に閉じる時期。引き締めを促進する骨盤調整を。仰向けになり両脚を揃えて伸ばし足首を直角に曲げます。手は体に沿わせ、息を吸いながら両脚を揃えて床から10cmほど上げ、息を吐くと同時にストンと落とします。

486【バストストレッチ】

仰向けで右膝を曲げて持ち上げ、左脚の外側へ倒し左手で右膝を押さえます。右手は体に沿わせて床に置き地面を擦るように大きく半時計回りに回します。頭の上に手が来たときに息を吸い、回しながら自然に吐きます。左右4回ずつ。

487【軸をつくるエクササイズ】

正しい姿勢で立ち、両足首でたたんだハンドタオルを挟み、脚全体の内側に力を入れて、つま先立ちになります。とくに内ももの上部（恥骨に近い位置）に力を入れると効果的。5〜10回行うと体に軸ができ、締まりがよくなります。

488【ヒールでセクシー度アップ】

徐々に骨盤が締まってヒップが上がっていく時期です。このとき少しヒールのある靴を履くと、女性らしさを意識することができ、よりセクシーボディに近づけます。急に高いヒールにすると腰に負担がかかるのでゆっくり慣らして。

489【ツボ・天枢《てんすう》でホルモンケア】

おへそから左右両側、指2本分のところにある「天枢」というツボを、中指と人差し指を使ってじんわりプッシュ。女性ホルモンのバランスを整えてくれるので、月経でリセットした体に女性らしさのカツを入れます。

490【バランスアップ骨盤調整】

仰向けになって両脚を揃えて膝を立てます。脇の下に卵1個分の隙間を開け両手を伸ばし、手の平は床。息を吸いながらお尻を10cmアップ。息を吐くと同時にお尻をストンと落とし、両脚をすっと伸ばします。1回だけ行います。

491【太ももストレッチ】

床に脚を揃えて伸ばして座り、両手の指先が後ろを向くように体の後ろに手をつきます。右膝を後ろへ45度に曲げて、足首は90度に。そのポーズで3回呼吸したら、脚を変えて反対側も同様に行います。

492【感じるエクササイズ】

感じやすい時期なので、更に感度を高めるエクサを取り入れましょう。座ったとき太ももと床が平行になる椅子に座り、股間に折りたたんだタオルを挟みます。膣に意識を集中して3秒力を入れる&緩めるを1セットとして15回。

493【フェロモンウォーク】

骨盤が締まり背骨もしっかり伸びているので、体に軸がありハイヒールが履きやすい時期です。この3〜4日の間は、ぜひ高めのハイヒールを履き、セクシーに見えるように優雅に歩いてみましょう。美しい身のこなしが染み付きます。

494【ツボ・膻中でバストケア】

左右のバストトップの中央に位置する「膻中」のツボを、中指&薬指で気持ちいいと感じるくらいにじんわりとプッシュ。1回につき10秒プッシュを2〜3セット行うと、バストアップや美肌効果が期待できます。

495【緩める骨盤調整】

骨盤周りの筋肉を緩め、下半身の血流をよくしましょう。仰向けに寝て、右脚の膝を胸に近づけます。その膝で外側に向かって大きく半円を描きながら、膝が真横を向いた辺りで、脚をストンと伸ばします。左脚も同じように行う。

496【全身ストレッチ】

仰向けに寝て、両手は内側を向けて真っ直ぐ頭の方へ伸ばします。両脚はできるだけ開いて真っ直ぐに伸ばします。息を大きく吸ったら、腕は上に、脚は下に強く引っ張り合って、息を吐くと同時に緩めます。これを3回繰り返す。

497【腰エクササイズ】

仰向けになり、膝を曲げて立てます。両手を腰の下のアーチに入れ、息を吐きながら腰で手の甲を押さえつけるようにします。腰の力を抜き、息を吸いながら元に戻します。20回くらい行うと、骨盤内を温め腰痛を防げます。

498【ゆったりシューズ歩き】

体が水分を溜め込もうとしてむくみやすい時期なのでヒールや締め付けのあるブーツなどは避けて。ゆったりした靴を選んで、かかとからしっかり踏み込んで歩くと、ふくらはぎを刺激することができ、むくみのケアに。

499【ツボ・足の三里でむくみケア】

膝のお皿の外側の下のくぼみから、指4本分下にあるツボ「足の三里」。ここを親指でぐ〜っと押します。足がむくみやすい夕方に押すと、老廃物がリンパに乗って流れやすくなりスッキリ。だるさも解消できます。

感度を高めるトレーニング❿

もっと感度を高めたい、激しいオーガズムを得たい、そう思っている女性は多いはず。そのためには、膣周りの筋肉である骨盤底筋群&インナーマッスルを刺激する、膣のトレーニングをぜひ取り入れて。膣を意識して動かしたり自分で触ったりすれば、女性らしさを磨きながら、セックスのときに刺激される性器ときちんと向き合うことができ、快感を得やすい体に。同時に、締まりや濡れ、はたまた尿漏れ、子宮脱などの疾患もケアでき、女性には欠かせないトレーニングなのです。

監修／荻原かおるさん 女性のためのラブグッズショップ『ラブリーポップ』代表、著書に『ちつ☆トレ』『ちつ☆トレ2 オーガズム革命』（ともにマガジンハウス）がある。

500【立ちトレーニング】

足を肩幅に開きまっすぐ立つ。息を吸いながら5秒かけて膣を引き締めつつ引っ張り上げるよう意識。膣全体がへその裏まで上がるイメージができたら5秒キープ。息を吐きながら5秒かけて膣を緩めます。これを15回行います。

501【座りトレーニング】

椅子に深く腰掛け、姿勢を正す。息を吸いながら5秒かけて膣を引き締めながら引き上げるよう意識。膣全体がへその裏まで上がるイメージができたら5秒キープ。5秒かけて息を吐きながら緩めます。これを15回行います。

502【しゃがみトレーニング】

足を肩幅の1.5倍くらいに開いて立ち、しゃがみます。呼吸法は前述の立ちトレーニングと同じ。立ちのときより膣の収縮の幅が広がるため気持ちよくなりやすいので、そのまま膣を締める速度を速めてオーガズムを目指しても。

503【ローションでクリをもてあそぶ】

ここまでのトレーニングを行うと、感度も上がるのでぜひ、セルフセクシャルケアでオーガズムを開発して。とは言え、セルフセクシャルケアになじみがない人は、いきなりクリを触っても痛いだけ。ローション（潤滑剤）を使ってみて。

504【クリトリスをさまざまに刺激】

女性の体の中で一番感じるといわれているクリトリスは触り方によってさまざまな快感を与えてくれます。横からはじくように、ノックをするようになどいろいろ試してみて、自分の好みを探してみましょう。

505【パール入りのバイブで】

膣は7〜8cmほどの長さの器官ですが、感じるのは手前の1/3だけ。奥のほうは無感覚地帯なのです。ですから膣でのオーガズムを開発したいなら入り口付近を刺激できる、グルグル回るパール式バイブにチャレンジを。

506【指を入れて探ってみる】

指を清潔にして、自分の膣に入れてみましょう。しっとりと包み込んでくれるアソコの感触に触れたとき、「こんなにも気持ちいいんだ」と感動できるはず。その感動で、膣＝気持ちいいスポット、と体がしっかり記憶します。

507【専用のグッズを使う】

筋トレの効果を上げるために、さまざまなマシンやグッズがあるように、感度アップのトレーニングにもヴァギナボール、膣バーベル、膣ボールなどという俗名で、ヴァギナを鍛えるグッズがたくさんあります。試してみては。

508【恥骨をプレスする】

感度アップに“圧迫”は見逃せません。恥骨あたりをプレスしたり、うつぶせになって圧迫することで、性器に圧力がかかったりクリトリスが引っ張られたりしてオーガズム力がアップ。騙されたと思ってそっとプッシュを。

509【陰毛を引っ張って刺激する】

感度を開発しようとするとき、ついついダイレクトに触りがちですが、Iラインに近いところの陰毛を引っ張るという間接的な方法もあります。これで味わったことないような、なんともいえない快感を堪能してみて。

おっぱい美人になる
メソッド

おっぱいは〝見えるホルモン〟と言われるほど女性ホルモンの状態が現れやすいところ。ホルモンバランスが悪いと、ハリのないおっぱいになるどころか、健康や美容にも悪さをして、自分に自信が持てないループにハマってしまうかも。そこでおっぱい体操と、おっぱいにいい生活習慣を覚えて、柔らかく魅力的なおっぱいを作りましょう。とても簡単なのに、ホルモンバランスが整い、おっぱいはもちろん子宮や卵巣まで健康体に。彼に優しくできる心まで手に入れることができます。

監修／神藤多喜子先生　ウエルネスライフ研究所所長、日本アーユルヴェーダ学会会員。著書に『DVDでよくわかるきれいをつくる おっぱい体操』（池田書店）など。

おっぱい体操

510【❶腕を伸ばしてねじる】

まずは、腕とワキ腹の刺激から。足を肩幅くらいに開いて立ち、両腕を肩と水平になるように上げ、腕全体を指先の方向にできるだけ伸ばします。腕全体を内側と外側にしっかりねじります。これを4〜5回繰り返します。

511【❷手首を上下に曲げる】

続いて、手の平を下向きにして、手首を上に曲げて5秒キープ。次に下に曲げて5秒キープ。上下やって1セットとして、3〜5回繰り返します。手首を曲げるときは、腕も一緒に曲げないように注意しましょう。

512【❸ねじりながら上へ】

❶のようにしっかりとねじりながら、バンザイのポーズになるようにゆっくりと上げていきます。上まで来たら手の平は内側に向け、肩からぐっと引き上げます。脇の下、ワキ腹が伸びる感覚を意識して。

513【❹ひじを曲げてワキ腹を伸ばす】

続いて、左のひじを曲げて右手でひじをつかみ、曲げたひじが頭の後ろに来るようにします。鼻から息を吐きながら、ゆっくりと上半身を右側へ倒します。ワキの下、ワキ腹をしっかり伸ばすようにを4〜5回繰り返し反対も同様に。

514【❺ねじりながら下ろす】

体をまっすぐに戻し、腕をしっかりと内側と外側にねじりながら下ろします。手首やひじだけでなく、ワキの下まで引っ張られるようにじっくりとねじるようにします。これで腕とワキ腹の体操は終了。次に進みましょう。

515【❻両腕を後ろに倒す】

上腕、胸、背中を伸ばします。両腕をバンザイするように上に、左右交互に肩からぐっぐっと上に引き上げます。肘を曲げて左右の手でそれぞれ反対側のひじをつかみ、弾みをつけて後ろに10回倒して。腕を組みかえて10回。

516【❼肩を後ろに回す】

肩、背中を回して胸に柔軟性を持たせる体操。右手を左の鎖骨に添えて、左肩を大きく後ろへゆっくり10回回します。逆も同じように10回行ったら、今度は同時に左右の肩を10回回します。肩が鎖骨より前に出ないように注意。

517【❽おっぱいを揺らす】

最後はおっぱい揺らし。右手で左のおっぱいを持ち上げ、鎖骨の中央部に向けて弾ますように揺らし、逆も行います。両手でおっぱいを少し中央に寄せるように持ち上げ、上方に軽く揺らします。1秒に2～3回のペースで各25～30回。

518【張り付いたおっぱいを外す】

おっぱいが自由に動くよう、大胸筋から外すマッサージを。左の肩甲骨の下から右手でおっぱいを寄せ集めるようマッサージした後、鎖骨へ集め軽く揺らす（A)、下から上へ（B)、続いてC、Dとさすります。両胸各10回行います。

519【胸腺マッサージ】

血液やリンパ液の循環をアップする胸腺への刺激も気づいたときに取り入れて。胸の前で両手の甲を合わせて、小指側でおっぱいの間を擦るように上下に10回動かします。鎖骨中央に両手を当て肩に向けて鎖骨を10回さすります。

520【彼に揺らしてもらう】

「おっぱい体操」の❽は、彼にしてもらうのもおすすめ。その場合は彼が彼女を後ろから支えるようにして座り、手の平全体でおっぱいを持ち上げるようにして、軽く10～20回揺らします。カップルのスキンシップとしても◎。

521【生活習慣を正す】

いいおっぱいになるには生活習慣も大事です。とくに気にしたいのは、睡眠と入浴。適切な睡眠には、代謝&回復力アップ、脂肪燃焼など、美容促進のすばらしい効果があり、毎日湯船につかることは、一番の冷え予防対策です。

522【食生活を見直す】
肉類や乳製品、精製食品（白砂糖、白米など）は、食べすぎると、高血糖や血液の酸化などに繋がり、おっぱい力もダウン。白砂糖は、てんさい糖やメープルシロップに、白米は雑穀などを加えると◎。また、腹八分目も心がけて。

523【1日3回白湯を飲む】
冷たい飲み物を摂りすぎると、体を冷やし血流を滞らせるので、おっぱいに栄養が行かず、皮膚も汚くなります。そこで、体を温め、消化機能を整え、老廃物の排出を促してくれる白湯（お湯）を朝昼晩と3回飲むようにして。

524【月経を健やかに】
月経とホルモンバランスは密接に関係していますので、月経時はなるべく穏やかに過ごすようにしましょう。月経の2〜3日前から、油ものや体を冷やす食べ物は避け、月経1〜2日目はなるべく入浴も控え、頭も洗わないように。

525【座り方をきちんと】
だらしない座り方は、下半身が冷えて子宮や卵巣の質の低下の原因になったり、体が歪んだりすることも。結果、ホルモンバランスの悪い体に。骨盤に背骨をのせるようにし、ひざを閉じて、かかとを揃えてまっすぐに座りましょう。

526【おっぱいにいいブラを】
おっぱい体操でふわふわになったおっぱいをきついブラで押さえつけると体操の効果が半減してしまいます。おっぱいがしっかり収まり、パットが薄くおっぱいが適度に揺れる締め付けの少ないブラジャーが◎。

性のお悩みQ&A

Q ビキニラインの黒ずみ原因&対処法は？

A ビキニラインの黒ずみは、肌に合わない除毛方法や下着の摩擦、締め付けによるメラニン色素の増加が主な原因です。毛抜きやカミソリを使ったアンダーヘアの自己処理を避け、ボクサーパンツなどゆったりとしたデザインの下着を日常的に着用することを心掛けましょう。いざ生じてしまった黒ずみを改善するには、毎日の食事にサプリメントをプラスして、色素沈着を防ぐ作用があるビタミンCをたっぷり摂ることが効果的です。さらに、黒ずみ専用の石けんを使って洗い、その後は美白効果のある化粧水や、「ハイドロキノン」や「レチノイン酸」という成分が配合されたクリームでケアを。これらの成分には、メラニン色素の増加を抑制したり、肌のターンオーバーを促進させたりする効果があるのです。

Q 口臭、体臭、あそこのにおいが気になってセックスに集中できません

A 多かれ少なかれ、人にはある程度の体臭があるもの。そのにおいに興奮するという男性もいるほどですので、あまり気にしすぎないことです。それでも心配な人は、毎日の入浴で体を清潔に保つこと。そして、脂っこいものやニンニクなどの刺激物を控え、消臭効果のあるショウガやハーブ類を積極的に摂取してみては。また、口臭については歯周病が原因であることも多いので、虫歯がなくても定期的に歯医者に通うことをおすすめします。デリケートゾーンも、大半の人には少々酸っぱいにおいがありますので、清潔にしていれば問題なし。ただし、腐敗臭がしたり、ズボンを穿いていてもわかるほどの強いにおいがしたりする場合は、要注意。性感染症にかかっている可能性がありますので、一度、病院へ。

Q 性感染症って自覚症状はあるの？

A クラミジア感染症や淋病、梅毒、ＨＩＶ感染症などは、初期であれば自覚できるような症状はほとんど出ません。感染に気付かないで放っておくと不妊症や子宮がんの原因になりやすく、ＨＩＶ感染症に健康体の３～４倍感染しやすくなるという報告もあります。体に異変を感じなくとも、定期的に診察を受けるよう心掛けましょう。

Q 女の子が注意するべき性感染症と予防策を教えて！

A まずは、症状が出づらい性病があることを知り、「自分は大丈夫」などと思わないこと。女性にもっとも多いクラミジア感染症は、感染しても約７割の女性が気付かないと言われています。また、白いカス状のおりものが増え、性器にかゆみが生じた場合はカンジダ症の疑いがあります。感染者のほとんどが女性であるカンジダ症は、セックスだけでなく、疲れやストレスで体の抵抗力が低下している時に自己感染するケースもあるため注意が必要です。予防策は、やはり、コンドームを付けること。１００％とは言えませんが、正しく使えば高い確率で防ぐことができます。そして、体の異変を基準にせず、自分の行動に心当たりがあれば、早めに検査を受けること。不特定多数の相手との性交渉がある、コンドームをつけずにセックスをした、不潔な状態でセックスをした……。これらに思い当たる人は、早いうちに産婦人科へ行きましょう。

Q キス、フェラチオ、挿入……性感染症はどの段階でうつるもの？

A 梅毒やヘルペス、クラミジア感染症、淋病などは、相手が口内に菌を持っていた場合のみ、キスでも感染する場合があります（喉への感染も含む）。オーラルセックスではこれらに加えて、尖圭《せんけい》コンジローマに感染する可能性も。また、毛ジラミは陰毛の接触によって感染します。「これじゃあ、何もできない！」……なんてことになりそうですが、基本的にキスから挿入へと性行為が進行するほど感染リスクは高くなるといわれていますので、不特定多数の人と性行為をしているのでなければ、あまり神経質にならなくてもよいでしょう。ただし、コンドームでしっかり予防を！

Q 濡れにくいのは不感症の兆候？

A 「濡れやすい・濡れにくい」は「汗かきか、そうでないか」と同じことで、あくまで体質の問題。あるいは、花粉症のための抗ヒスタミン剤、抗うつ剤やピルなどを定期的に使用していたりすると、副作用で濡れにくくなることも。「セルフセクシャルケアだと濡れるのに、セックスだと濡れない」という人は、単純に男性の愛撫不足か、自身が十分にリラックスできていないのでは？　いずれにせよ、あまり濡れていない状態で挿入すると膣を傷つけてしまう危険性があるため、思い切ってローションを使うのもひとつの手です。もしくは、行為前によく体を温め、たくさん水を飲むこと。水分補給はAV女優もやる裏ワザで、即効性が期待できますよ。

Q 彼が誤って中出し！ 妊娠したらどうしよう……

A コンドームが破れるなど避妊に失敗してしまった場合は、産婦人科で「モーニングアフターピル」という緊急避妊薬を処方してもらいましょう。これは、受精卵の着床よりも先に子宮内膜を剥がし、妊娠をさせないようにするホルモン剤の一種。セックス後72時間以内に飲めば、9割の確率で避妊できます。ただし、人によっては吐き気や頭痛などの重い副作用を伴い、過度のホルモンを大量に摂取するため体に負担がかかります。あくまで緊急時の対処法ということを忘れないで、日ごろの避妊対策をしっかりと！

Q コンドームって確実に避妊できるの？

A

コンドームの避妊失敗率は3%~14%にも及び、正しく使用しないと全く意味がありません。サイズに合ったものを根元まで装着する。装着時は爪が伸びた手では扱わず、中に空気が入らないようにする。射精前ではなく挿入前に装着する。古いゴムや、ラブホテルに常備してある安いゴムの使用を避ける……。これらのことを守って、ようやく避妊失敗率を3%に抑えることができるのです。一方、ピルの避妊失敗率は0・1%~5%。コンドームよりも確実ですが、喫煙者の場合血栓症などの副作用を高める可能性があったり、毎日確実に服用しなければいけないというデメリットもあります。正しく避妊するには自分に合った避妊法を選び、それらを確実に使いこなすことが大切なのです。

Q 生理中なら中で出しても妊娠しないって本当?

A

そもそも生理とは、受精卵が着床すべき子宮内膜を排出する行為。よって、膣中で精子を出しても、妊娠する可能性は極めて低いのは事実です。それでもゼロといい切れないのは、出血が必ずしも生理とは限らず、排卵日出血の場合もあるから。さらに、生理中に子宮に放出された精子が、排卵期まで生き残ることもまれに起こり得るのです。もっとも、生理中は体の免疫力が弱り、雑菌が入りやすい状態が続きます。こうした時期にセックスをするのは衛生面で好ましくありませんので、極力控えるようにしましょう。

Q 入れると痛い。彼のペニスのせい? それとも私の性器の形のせい……?

A

膣は産道にもなる場所。彼のペニスがいくら大きくてもそれに対応するだけの伸縮性が備わっているので、サイズが原因で「痛い」ということは考えづらいです。挙げられる理由のひとつは、膣が十分に濡れていないこと。愛撫の時間を長めにする、ローションを使う、ジェル付きのコンドームを使うなどの方法を試してみましょう。さらに、挿入した後にすぐ動かず、ピストン運動までに3分ほど時間を置いてみて。これによって膣がペニスの形に馴染んでフィットし、その後の一連の動きがスムーズになります。また、女性の膣の形には個人差があり、その傾斜に沿って挿入しないと痛みを感じることもあります。真っ直ぐ入れた方がいいのか、斜めに入れた方がいいのか、あらゆる体位で模索しながらお互いが気持ちいいポイントを見つけることも大切です。

Q イッた後は冷める？ 行為後の男性の気持ちを知りたい

A 女性の場合、一度オーガズムを迎えても、エクスタシーの余韻ともいうべきフワフワした感覚が続きます。ところが、男性が射精すると性欲は一気に下降をたどり、まるで潮が引くように冷静さを取り戻します。一説によると、これは、大昔から引き継がれる生殖のメカニズムが関係しているそう。受精した女性を外敵から守るため、男性はセックス終了と同時に脳が平素の状態に切り替わるようインプットされているのだとか。いずれにせよ、行為の後、男性の情熱が少なからず減退するのは事実。逆にいえば、そういう心理下で後戯を大事にしてくれる男性は、本当にあなたのことを思っていてくれている証かもしれません。

Q ショーツの汚れが気になる…… 男性は見ているもの？

A よくも悪くも男性は女性の下着に無頓着ですし、ショーツの汚れを目にしたとしても、さほど気にはとめません。それでも気になるようであれば、デートの日はホテルへ行く直前までオリモノシートを付けておくのも手です。加えて、女性器専用のウェットシートを常備しておけば、いつでも性器を清潔な状態に保てます。行為前にシャワーを浴びるなどして、ショーツを脱ぐ手も。

Q 性欲が起きず、セックスが億劫。 原因&対処法は？

A 付き合いの長い二人に起こるセックスレスの原因としてもっとも多いのが、お互いの距離が近すぎて、恋人として見られなくなってしまうマンネリ化現象。これを解消するには、家ではなくホテルでセックスをしてみる、メイクや下着を変えて外見に気を配るなど、環境に変化をつけてみて。また、マッサージをするなどして自然にボディタッチを図り、お互いが触れ合う環境をつくることも大切です。一方で、近年多く見られるのが、日常生活で感じるストレスによって性欲が減退するパターン。仕事による多忙が原因で就寝リズムや食生活が乱れると、人の3大欲求のひとつである性欲を感じる余裕がなくなってしまいます。まずは生活リズムを正し、余裕ある毎日を送ることがセックスレス解消への第一歩。

Q 彼でイケない！セルフセクシャルケアで道具を使っているせい？

A 彼とのセックスでイケない理由はそれだけではないはずですが、毎回のセルフセクシャルケアで刺激の強い道具を使っているのであれば、それも原因のひとつとして考えられるかもしれません。AVと道具を使ってぱぱっと手軽に済ませるようなやり方を続けていれば、感度を高めたり性感帯を開発したりする面では逆効果になりかねません。たまにはたっぷり時間をとって、妄想と指だけでセルフセクシャルケアを楽しんでみては。

Q 妊娠中もセックスできるの？

A 妊娠4～5ヶ月の安定期に入っていて、早産や流産の兆候がなく経過が順調であれば、セックスしても大丈夫。ただし、過去に流産や切迫早産を経験している人は、避けた方が無難です。お腹が大きくなった後は、体に負担がかかりづらい側位などの体位がよいでしょう。そして、必ずコンドームをすること。精子には「プロスタグラティン」という子宮を収縮させるホルモンが含まれていて、早産や破水を引き起こす可能性があるのです。また、妊娠後期は破水の原因になるため、セックスは控えましょう。

▼▼▼ おわりに

この本の中で紹介している提案やテクニックは、
すべてがあなたにあてはまる答えではないかもしれません。

でも、それは当然のこと。なぜなら、10人いれば10通りのセックスがあってよいのですから。
先述しましたが、セックスに正解というものはなく、こうあらねばならない、という
基準も本来はないのです。

ただ、ひとついえることは、セックスを通じてコミュニケーションができているかどうかが、
とても大切なことだということです。
それは、パートナーの気持ちをきちんとイメージして、
思いやりのある関係を持てているかどうかにつながるのです。

そのために、本書では、技術的なことだけでなく、相手を思いやるために必要な感じる力やイメージ力をアップするためのエッセンスが、たくさんちりばめられています。

この本の前書にあたる「女の子が読むラブテクニック　Girl's Side Book」にはなかった、【セックスのスイッチ】も、それにあたります。

これは、自分自身のセックスへの扉を開くためのメソッドであると同時に、さまざまなことを感じとるための方法でもあるのです。

感じやすくなるということは、多くのことをイメージする力を養うことと結びついています。

それは自分のことだけでなく、相手の心のうちを想像して感じ取ることにつながっていきます。

きっと、あなたがこの本を読み終わるころには、

セックスを通じた、パートナーとのコミュニケーションが

よりよいものになっていることでしょう。

S T A F F

Editors TEAM Girl's Side
松井亜芸子、ピンク先生（ジュフェーム・パフェ）、
早川 舞、雨宮まみ、小峰千佳、荒井奈央

Editor & Composition 伊藤彩野（MOSH books）

Art Direction 細山田光宣、長宗千夏（細山田デザイン事務所）

Illustration わたなべろみ、秋山貴世

Photograph 前田こずえ

Styling 吉永 希

Hair & Make-up 鈴木ケイコ

Model Rio（T-powers）

協力：ラブリーポップ、さろん楓、三ツ矢ナミコ、代々木忠
参考文献：「中国の性愛術」著・土屋英明（新潮選書）
「ふたりのLOVEマッサージ」
「ふたりのRelax&Loveマッサージ」（ともに池田書店）

女の子が読むラブテクニック

Girl's Side Dictionary

編　者　TEAM Girl's Side
発行者　池田　豊
印刷所　大日本印刷株式会社
製本所　大日本印刷株式会社
発行所　株式会社池田書店
東京都新宿区弁天町43番地（〒162-0851）
電話 03-3267-6821（代）／振替 00120-9-60072
落丁、乱丁はお取り替えいたします。

ISBN978-4-262-12274-8

1100008